Josef Wagner
Die Kunst, mit sich selbst zu reden

Selbsterkenntnis durch sinnvolle Selbstgespräche

Originalausgabe

WILHELM HEYNE VERLAG
MÜNCHEN

HEYNE RATGEBER
08/9174

Copyright © 1988 by Wilhelm Heyne Verlag GmbH & Co. KG, München
Printed in Germany 1988
Umschlagfoto: Bavaria Verlag, Bildagentur/Clarke, Gauting
Umschlaggestaltung: Atelier Ingrid Schütz, München
Satz: VerlagsSatz Kort GmbH, München
Druck und Bindung: Presse-Druck Augsburg

ISBN 3-453-02740-X

Inhaltsübersicht

So das Lied der Freiheit
wieder
in uns ertönt

Einführung

Unsere westliche Erziehung weist uns an, im äußeren Leben voranzukommen. Das ist nur in begrenztem Umfang möglich, denn kaum jemals erfahren wir etwas über die Art und Weise, wie wir mit uns selbst umgehen sollen. Der Schlüssel für den Umgang mit den eigenen Fähigkeiten, den Umgang mit anderen und die Bereitung der Zukunft ist der richtige Umgang mit sich selbst.

Der richtige Umgang mit sich selbst entscheidet zwischen einem erfüllten Leben und einem Leben voller Frustrationen und Mißerfolg. Ungezähmte Gefühlswallungen und wilde Gedankenströme werfen uns unter der Maske der äußerlichen Anpassung an die Grenzen unseres eigenen Unvermögens.

Unser größter Feind umschließt uns auf engstem Raum mit einer Mauer. Dieser Feind sind die Gedanken und Gefühle, die wir uns selbst zusprechen und nach außen senden. Unsere Gedanken und Gefühle begründen und nähren die begrenzten Selbstbildnisse, die wir für uns selber halten.

Unser Verhalten ist kein Zufall, ist nicht allein die Folge einer erbgenetischen Sequenz oder sozialer Vorgänge und von Umwelteinflüssen. Wie wir denken, fühlen und handeln, hängt von unserem inneren Programm ab. Damit legen wir die Ursachen für unsere Lebensumstände. Als Folge negativer Prägung und mangelndem Selbstwertgefühl ist das Leben für viele von uns ein trostloser Trümmerhaufen leerer Hoffnungen geworden.

Über 75% unserer Selbstgespräche arbeiten tatsächlich gegen uns. Dennoch können wir lernen, über die Mauer aus 130 000 Neins der Kindheit, über unsere negativen, selbsteinschränkenden Programme hinweg, die Erfüllung in unserem Leben zu finden, nach der wir uns sehnen.

Dieses Buch verspricht Erlösung durch Zaubersprüche und Erfolgsformeln auf ganz andere Art. Es zeigt, wie durch Änderung der inneren Gespräche der Sprung über den eigenen Schatten gelingen und wie die trügerische Mauer aus Selbstzweifeln, schlechten Gewohnheiten und alten Konditionierungen überwunden werden kann. Voraussetzung für diesen Sprung, für den richtigen Umgang mit sich selbst und für ein erfülltes Leben muß eine dauerhafte Umkehrung der im Speicher des Unterbewußtseins verinnerlichten negativen Programme sein. Äußere Lösungen und Schulungen können immer nur eine zeitlich begrenzte Lösung darstellen. Demgegenüber nährt dieses Buch die Suche nach Licht und Liebe in uns und vermittelt ein tiefgreifendes Verständnis über die einfache und umwälzende Technologie des Selbstgesprächs.

Lerne mit Dir durch die tägliche Gewohnheit richtiger Selbstgespräche freundlich, liebevoll, sorgsam, fordernd und bestimmt zu reden. *Die Kunst, mit sich selbst zu reden,* weist die Grundlagen dazu!

1

Die
Suche

Des Lebens ungetrübte Freude
wird keinem Sterblichen zuteil

Johann Wolfgang von Goethe

Seit der Vertreibung aus dem Paradies suchen wir die Antwort nach dem ›Warum‹. Seit uns das Tor zur Fülle des Lebens verschlossen ward, müssen wir uns selbst im Schweiße unseres Angesichts um die Früchte unseres Tuns in täglicher Arbeit mühen. Der Preis für die Suche nach Selbsterkenntnis, nach dem Bewußtsein über das wahre Selbst, sind statt der Köstlichkeiten des Schlaraffenlandes oft nur Schmerz, Tränen und Narben der Verbitterung. Für das weitere Schicksal mußte der Mensch selbst die Verantwortung ergreifen. Die schönen Stunden des Lebens waren fortan nicht mehr umsonst.

Sehnsucht nach dem Paradies

Märchen und Sagen halten unsere Erinnerungen an die paradiesischen Zustände wach. Auch die Werbepsychologie versteht geschickt, in gestylten Hochglanzbroschüren und mit ausgetüftelten Verkaufsförderungsmaßnahmen unsere versteckten Gefühlsmomente von Glück und Erfüllung anzusprechen und uns damit Konsumerwartungen auszuliefern. In dem Wissen, daß unsere Kaufentscheidungen nur davon beeinflußt werden, wie wir uns mit einer Ware, einem Produkt oder einer Idee fühlen, schildern sie uns die unbegrenzten Verlockungen, die uns das Leben zur Erfüllung all unserer Träume anzubieten hat. Die Sehnsucht nach Liebe, sinnerfülltem Dasein und Glück ist der eigentliche Antrieb im Leben. Dieses Prinzip der Erfüllung beherrscht unser Streben, nur das zu tun, was uns gefällt und Befriedigung, Freude und Spaß in Aussicht stellt.

Geschickte Worte und Versprechungen locken uns in die Leistungs- und Konsumnormen der heutigen Zeit. Das Lustprinzip, als eigentlicher Motor bei der Entdeckung unseres wahren Potentials in der Selbstfindung, wird verdreht, um unsere Aufmerksamkeit, Zeit, Energie und unser Guthaben materiell zu ködern. So suchen wir als Verbraucher vermeintliche Erfüllung im äußeren Leben durch soziale Bestätigung, finanziellen Erfolg und zeitlich begrenzte Güter, ohne zu bedenken, wie jede Steigerung eines Konsumgenusses über das normal verfügbare Maß hinaus zu gegenteiligen Nachwirkungen führt. Wir scheinen genau zu wissen, wie das Leben uns zu verwöhnen hat. Doch die Motivationsforschung beweist, daß unsere Erwartungen von einem erfüllten Leben bereits degeneriert auf die Stufe von Eigenheim, Auto und Urlaub im Süden herabgesunken sind.

Meist aber werden wir vom Leben wahrlich nicht verwöhnt. Wir stolpern verblendet auf vorgelenkten Pfaden, unser maßgeschnürtes Bündel auf dem Bukkel, um wenigstens ein Stück des gepriesenen Kuchens aus dem Füllhorn des Lebens zu erhaschen. Die Suche nach äußerem Konsumgenuß als maßgeblicher und einzig seligmachender Lebensqualität wird bald zu einer bloßen Flucht vor uns selbst, die in verzweifelter Sucht erstickt, wenn wir die eigentlichen Werte im Leben nicht erkennen und zur Erfüllung bringen.

Der Schritt ins Leben

»Gott, warum hast du mich verlassen?« Der berühmteste aller überlieferten Stoßseufzer aus den unzähligen Geschichten, die das Leben schreibt, bekundet einen unseligen Irrtum. Denn wir unterliegen tatsächlich einem Irrtum, wenn wir meinen, Gott hätte uns zu behüten und verhätscheln, wenn wir nur wie enttäuschte Säuglinge darum beten und betteln. Es ist uns nicht bestimmt, ein Baby zu bleiben, das jemand am Gängelband zu führen und vor allen Widerwärtigkeiten des Schicksals zu beschützen hätte. Nicht einmal Gott dürfte daran interessiert sein, unsere Sinne zufriedenzustellen. Doch was geschieht? Wir machen ihn für unser Schicksal verantwortlich. Und verwechseln damit Sehnsucht mit Anspruch. Denn das Leben hat uns, so meinen wir, zu verwöhnen.

Doch es verwöhnt uns tatsächlich! Es beschenkt uns mit dem großartigen Abenteuer, selbst für unseren eigenen Lebensweg und das Ergebnis unserer Mühen verantwortlich zu sein. Es stellt uns prinzipiell in eine Eigenverantwortlichkeit hinein. Es überträgt jedem einzelnen die Verantwortung für das eigene Wohlergehen und das der anderen, ja allem Leben gegenüber. Wir haben immer die Wahl der freien Entscheidung, ja oder nein zu sagen. Wir dürfen damit Gestalter unseres eigenen Schicksals sein. Das Leben will uns gerade zu mündigen, selbständigen und eigenverantwortlichen Wesen erziehen. Wir müssen endlich aus den Illusionen übernommener Lebenslügen erwachen. Erst aus der Selbstbejahung heraus, sich selbst und den jeweiligen Lebensumständen gegenüber, können wir uns für das Leben entscheiden, die Kraft zu leben und zu lieben nehmen und in das Leben selbst verliebt sein. Jeder von uns ist in seiner Art einmalig.

Ohne Dich wäre die Gesamtheit allen Lebens unvollständig. Deine Fähigkeiten, was immer sie sind, haben ihren Platz in dieser Welt. Ansonsten gäbe es Dich nicht. Deine Fähigkeiten, und seien sie in Deinen Augen noch so gering, sind erwünscht, weil ein Teil des Ganzen. Jeder lebt dafür, dem Leben durch sich selbst bestmöglichen Ausdruck zu verleihen und seine besonderen Fähigkeiten weiterzugeben. Das Leben erfährt durch Dich eine Erweiterung, und daher ist es grundsätzlich an Deinem Vorankommen interessiert. Das Leben ist niemals gegen Dich.

Niemand kann an ein Ziel gelangen, das er nicht kennt oder gar nicht hat. Du bleibst stehen, wenn Du keine Ziele kennst, denn Du bewegst Dich im Leben nur anhand von klaren Definitionen und in Richtung Deiner Ziele vorwärts, mittels Liebe und Vorstellungskraft, niemals mittels Willenskraft. Du brauchst, um erfolgreich zu sein, nicht viele Ziele, sondern nur eines. Die Frage, welches Ziel und welcher Weg richtig sei, beantwortet ein taoistisches Lebensrätsel trefflich: »Welcher Weg ist der richtige für den Wind, die Blume, den Baum, den Vogel?« Die verschiedenen religiösen, politischen, sozioökonomischen, philosophischen und metaphysischen Systeme versorgen uns bereitwillig mit unzähligen Zielen und Scheinzielen. Letztendlich fordert aber der mündige Lebensvollzug, daß wir die Art und den Verlauf unserer Erziehung im Laufe unseres Lebens nicht uneingeschränkt fremden, äußeren Einflüssen überlassen dürfen. Diese können Eltern

15

sein, Lehrer, Arbeitsgruppen, Stars, Arbeitgeber, auch Bücher, Weltanschauungen und ideologische Denksysteme. Jede fremde Einflußnahme stellt prinzipiell immer eine Einflußnahme oder Manipulation unserer eigenen Meinung dar. Sie ist insbesondere dann für unser eigenes Fortkommen verderblich, wenn wir sie ohne Unterscheidungsvermögen kritiklos in unsere Selbstgespräche übernehmen.

So sinnvoll und erwünscht die Erziehung von außen durch fremde Einflüsse ist, sie sollte immer in kritischen Bezug zu den eigenen Zielen gesetzt werden. Sie sollte in Bezug zu einem Bewertungssystem gesetzt werden können, das wir für uns aufgebaut haben. Jede Bewertung ist natürlich von der vorhergehenden Erziehung geprägt. Aber es gibt auch einige grundlegende Fragen, welche die Grundlage für unser eigenes Wertesystem bilden. Diese Fragen müssen wir für uns, und zwar nur für uns, realistisch und eindeutig in der Tiefe unseres Herzens beantworten.

Diese Fragen lauten:

* Was will ich wirklich?
* Warum will ich es?
* Wie erreiche ich das Ziel?

Wenn Du Dich mit diesen Überlegungen ernsthaft auseinandersetzt und Dir auch Klarheit über Deine Fähigkeiten schaffst, stellt sich für Dich ein Bewertungssystem heraus, mit dem Du Dich im Leben orientieren und eine Richtung wählen kannst.

Deine Ideale müssen durchaus nicht mit den Werten übereinstimmen, die von außen an Dich herangetragen werden. Die Wahl, die Du jeweils triffst, bestimmt den weiteren Weg für Dich. Und weißt Du nicht, was Du willst, so gibt es viele, die es besser für Dich wissen. Die eigene Unsicherheit und Richtungslosigkeit ist der unmittelbarste Weg, auf der Spielwiese des Lebens wie ein Ping-Pong-Ball umhergestoßen zu werden. Du vergeudest damit Deine Lebensenergie, um schließlich im Abseits zu landen.

Reich durch Geben

Niemand ist im Leben von Sorgen befreit. Immer wieder stellt sich die Frage: »Wie soll es weitergehen?« Es genügt nicht, Regale mit Büchern zu füllen, teure Kurse zu belegen, ›in‹ zu sein und abzuwarten, ob sich ein erfülltes Leben einstellt. Es genügt allem Anschein nach eben nicht, um Glück zu beten oder auf Hilfe von anderen zu hoffen. Dies hat mit Sicherheit für die Mehrheit nicht dauerhaft Liebe, Geld, Gesundheit und Erfolg gebracht. Dennoch drängt sich uns die Frage auf, warum einige, von Tag zu Tag, mehr Glück und Erfolg im Leben haben als die meisten.

Nicht die rücksichtslosen Egoisten sind es, die sich den Anspruch auf den Sonnenschein im Leben sichern. Vordergründig sind wir vielleicht versucht zu glauben, nur wer nimmt anstatt zu geben, wer betrügt und ohne Liebe Macht anwendet, findet Erfolg. Paradoxerweise sind es vor allem gerade die sogenannten Glücklichen, Schönen, Reichen, vom Leben Verwöhnten, die Selbstmord aus Verzweiflung begehen, und keineswegs jene, von denen das Leben einen ständigen Kampf ums Überleben fordert. Es gehört oft mehr Mut dazu, in Armut und Demut zu leben, als sein Herz zu verkaufen oder sich zu töten.

Erfolg ist nicht gleichbedeutend mit materiellem Erfolg. Howard Hughes, der sich als einer der reichsten Männer der Welt ständig verstecken mußte, um seine körperlichen und geistigen Unzulänglichkeiten zu verbergen, erkannte weise: »Es versteht sich von selbst, daß man nicht zugleich hohe Prinzipien und hohe Profite haben kann.« Übermäßige Reichtümer entstehen immer auf Kosten und zu Lasten vieler, die wenig oder nichts haben. Der blinde Glaube an stetes Wirtschaftswachstum erweist sich anhand steigender Staatsverschuldung, übersättigter Märkte und unumkehrbarer Umweltschäden nachweislich als falsch. Infolge uneinsichtiger Profitgier und Ausbeutung der Natur ohne Rücksicht auf die Folgen für kommende Generationen geraten wir mehr und mehr in eine selbstzerstörerische Sackgasse. Je mehr Schaden ein Geschäft anrichten kann, desto mehr Geld läßt sich damit verdienen, die ethischen Einwände hinwegzufegen, wie die Beispiele Drogenhandel, Waffenschieberei und Kernenergienutzung zeigen. Das physische Überleben der Menschheit hängt mehr denn je von einem radikalen Wandel im Herzen eines jeden einzelnen ab. Fünfzehn Millionen Tier- und Pflanzen-Arten sind weltweit innerhalb der nächsten fünfzehn Jahre vom Aussterben bedroht, wenn der Raubbau des Menschen an der Natur nicht aufhört. Mehr und mehr müssen wir uns an ethischen Prinzipien orientieren statt an materiellem Profit.

Grundlegend ist daher eine Umwandlung eines jeden einzelnen in sich selbst durch Selbstgespräche.

18

Erfülltes Leben, Erfolg und Glück sind nicht gleich Geld und Macht. Du kannst in der Verwirklichung Deines Zieles Erfolg haben, selbst wenn Dir keiner Beifall zollt und Du kein dickes Bankkonto Dein eigen nennst. Das wertvollste Gut ist die Flamme in Deinem Herzen. Sie leuchtet um so mehr in Deinen Augen, je stärker Du sie durch die innere Haltung des Gebens nährst. Um mitfühlende Worte, freundliche Gesten und Geschenke geben zu können, mußt Du kein Millionär sein. Guten Willen und Verständnis aufzubringen, fällt häufig schwerer als das Spenden von Geld und Gütern. Gleich einer wundersamen Eigengesetzlichkeit des Lebens macht freudiges Geben reich. Und um so reicher, je weniger Du etwas dafür erwartest. Wer nicht weise sät, kann nichts ernten. Wer ständig festklammert an Hoffnungen, Erwartungen und materiellem Besitz, schließt sich dem Gesetz der Fülle aus und schiebt der eigenen Lebensenergie unüberwindliche Riegel vor.

Von all dem, was wir bekommen, müssen wir anderen erst geben, bevor wir mehr bekommen, um das zu ersetzen, was wir geben. Nicht umsonst betonen religiöse Schriften im Christentum, Hinduismus, Islam und Taoismus: »Geben ist seliger denn Nehmen.« Ein bis zum Rand gefülltes Gefäß kann nicht einen weiteren Tropfen aufnehmen, bevor es sich nicht leert.

Was trennt uns vom Fluß des Lebens, was die Erfolgreichen von den weniger Erfolgreichen, Armen, Kranken und Unglücklichen? Ist es allein Schicksal, das nur wenigen Auserwählten einen Treffer im Leben erlaubt? Wer verteilt die Karten im Spiel des Lebens?

Die verschlossene Pforte

Anschauungen mancher Verhaltensforscher zufolge
sind wir das genetische Ergebnis einer kodierten Sequenz von Erbinformationen. Unsere Gene wären
demzufolge auch für unser Verhaltensrepertoire
verantwortlich. Soziologen sehen uns ein für alle
Mal bestimmt durch die gesellschaftliche Umgebung, in der wir aufwachsen, und politische Kon-
zepte schließlich reduzieren uns zu Rädchen in Wirt-
schaftssystemen. Eine Selbstbestimmung wird hingegen in kaum einer Schule, Universität oder Psy-
chotherapiepraxis gelehrt und selten gefördert. Eine
individualistische, selbstbestimmende Lebensauffassung kann gefährlich sein, denn sie ist nicht immer
bequem für bestehende Machtinteressen. Aus genau
diesem Grund setzt die etablierte Kirche ihren
Schäfchen die Dornenkrone auf und erklärt die
Selbsterlösung frech als gotteslästerlich.

Dennoch sind es wir, die den Lauf unseres Lebens
bestimmen. Was hindert uns, neugierig auf die
Schätze des Lebens zuzusteuern, die es für uns be-
reithält? Wie ein König gekleidet in Lumpen, irren
wir umher und betteln um ein paar Krumen, ob-
gleich uns die Fülle des Lebens umgibt. Wenn wir
uns wirklich von der dunklen Gosse abkehren wollen, wenn wir so leben wollen, wie wir es uns eigentlich wünschen, welcher Schlüssel fehlt uns, um die
verschlossene Pforte wieder aufzuschließen? Welche
Mauer hält uns von den unerschöpflichen Reichtümern des Lebens fern?

Am Beginn unseres Erdenlebens steht die Kindheit. Jedes Kind lebt in einer Welt voll unbegrenzter
Möglichkeiten, zumindest in seiner Vorstellung.

Die ersten Eindrücke, die ein Kind empfängt, wirken auf das gesamte weitere Leben prägend. Bevor uns die Erwachsenenwelt beibringt, was wir alles nicht können, sind wir als Kind in unserer Vorstellung und unseren Träumen überzeugt, daß wir unsere Wünsche und Erwartungen erfüllen können.

Heinrich Schliemann wußte, daß er einmal Troja wiederentdecken würde, als er im Alter von sieben Jahren zum erstenmal eine Zeichnung der versunkenen Stadt der Antike zu Augen bekam. »Wenn ich groß bin, werde ich Troja finden und den Schatz des Königs.« Sein Vater, ein verarmter Lehrer, lachte nur. Doch der kleine Heinrich ließ sich nicht verunsichern. Was er sich als siebenjähriger Knabe vornahm, wurde 44 Jahre später nach einem wechselreichen Leben Wirklichkeit. Er fand die Festungsmauern von Troja und barg den reichen Schatz des Königs Priamos.

Auch der kleine Jean-François Champollion wußte, nicht hoffend oder wünschend, er wußte mit elf Jahren schon, daß er einmal die ägyptischen Hieroglyphen entziffern würde. »Kann man das lesen«, fragte er seinen Bruder, als er fasziniert ägyptische Papyrusfragmente betrachtete. »Nein«, lautete die Antwort. »Ich werde es lesen«, sprach der junge Champollion, »wenn ich groß bin. Ich werde die Hieroglyphen entziffern. Ich weiß es.« Mit ungeheurem Wissensdurst studierte er im Laufe seines Lebens über ein Dutzend Sprachen. 21 Jahre später entschlüsselte er schließlich als erster die Bilderschrift und Lautzeichen der Hieroglyphen. Es gibt Dutzende von weiteren Beispielen über Männer und Frauen, wie Nikola Tesla, der Entdecker des Drehstromgenerators, der indische Staatsmann und Verfechter des gewaltlosen Widerstandes Mahatma Gandhi oder die Ordensgründerin und Friedens-nobelpreisträgerin Mutter Theresa, die ihre früh gewonnene Überzeugung zu einem erfolgreichen Lebenswerk gestalteten.

Bereits in den Jahren der Kindheit entscheidet herabsetzender Spott oder hilfreiches Lob über die Strukturen für unser späteres Leben. Was die Er-wachsenen während dieser Zeit zu uns sagen, be-deutet eine unglaubliche Prägung. Es wird die Art und Weise vorgeprägt, wie wir das Leben verstehen, wie wir die Hindernisse und Fehlschläge im Leben überwinden und welche Rolle wir im Leben spielen können. Gleich Chladnischen Klangfiguren, die beim Aufsetzen einer schwingenden Stimmgabel auf eine fein mit Sand bestreute Glasplatte als symmetri-sche Muster entstehen, wirken die Worte, die wir als Kinder hören, auf ähnliche Weise formend.

Während der frühen Jahre und der Schulzeit weichen die unbegrenzten Vorstellungen der Kind-heit den rationalen, vernünftigen Erwägungen unse-rer Erzieher. Das Kind lernt, was es darf und soll, aber vor allem, was es nicht kann. Das Kind erfährt, daß es den Kopf aus den Wolken zurück auf den Boden der Wirklichkeit richten muß. Es darf die ihm gesetzten Schranken nicht mehr überschreiten. Erwachsenwerden bedeutet damit häufig resignie-ren. Die unbegrenzte Weite des Horizonts eintau-schen gegen die Begrenzungen und Gewohnheiten des täglichen Lebens. Erkennen, daß Kind eben nicht alles darf und kann, was es will. Erkennen, daß Kind sich einzuordnen und gemäß der zugeteil-ten Rolle zu funktionieren hat. Statt im Licht der eigenen Visionen steht es im Schatten fremder

Prophezeiung, die es, gezwängt in das Korsett übernommener Vorurteile und Erwartungen, zu erfüllen hat.

Selbsthilfe von innen

Nicht Lotteriescheine noch Lose erlösen uns aus dieser auferlegten Eingrenzung. Vom Alltag des Lebens verbittert, hoffen wir vergeblich, einmal all das nachholen zu können, worauf wir ein Leben lang verzichten mußten. Doch auch noch so große Reichtümer oder zufällige Lotteriegewinne gleichen die Trostlosigkeit verschütteter Träume nicht aus. Der schon seit der Frühgeschichte verurteilte Tanz um das Goldene Kalb ist immer nur schaler Ersatz für den jahrelangen Verlust an Lebensfreude. Die moderne Werbung vermittelt uns recht schnell ein Gefühl der Unzufriedenheit mit unseren Lebensumständen. Wir meinen, zu kurz gekommen zu sein. Daher zehrt ein Verdacht in unserem Innersten, daß das tägliche Einerlei, die Sorgen und der Kummer im Leben nicht alles sein kann, was uns das Leben zu bieten hat. »Von Sorgen kann man sich nicht freimachen«, heißt es in der weit verbreiteten Resignation. Es muß doch aber mehr geben als das, was wir zu sehen, wahrzunehmen gelernt haben. Nur, wie können wir es sehen, und vor allem, was sollen wir sehen lernen?

Und dann, in einem Moment der tiefen Enttäuschung darüber, was wir willig aufgenommen haben, beginnen wir wieder, auf das zu blicken, was fern unseres Horizontes brachliegt. Was, wenn wir doch so sein können, wie wir es uns vorstellen. Müssen wir uns letztlich doch selbst helfen und un-

sere Lebenssituation bewältigen anstatt in vorübergehende Scheinbefriedigungen zu fliehen oder endgültig zu resignieren? Das Aufrichten unserer Augen
bedeutet eine Gabelung für den weiteren Verlauf
unseres Lebens. Es kann die Entscheidung darstellen, weiterhin verhaftet in einer Art Opfermentalität
sich noch einmal und immer wieder im Kreis zu drehen oder aber wie ein Elektron im Atom, das durch
Quantenenergie angeregt und inspiriert wird, hoch-
zuspringen auf ein neues Orbital, in einen neuen
Wirkungskreis.

Für die Betrachtung der Frage, was mich in einem
ermüdenden Kreislauf festhält, benötigen wir keinen fremden Sündenbock, wenn wir die wirkliche
Ursache herausschälen wollen. Das Ausmaß an Arbeit, die ich vollbringe, entscheidet nicht darüber,
wie ich im Leben weiterkomme. Es ist egal, wie
lange und wie intensiv ich mit einer stumpfen Laub-
säge einen Stamm bearbeite. Ich muß das passende
Werkzeug, den richtigen Schlüssel, die goldene
Lösung finden.

2

Selbstbild und Selbstwert- gefühl

Antworten

Die Pforte des Lebens öffnet sich nach innen. Auf der Suche nach dem richtigen Schlüssel geraten wir in die Woge vielzähliger Versprechungen und Ratschläge. Eine weite Auswahl von Büchern und Kassetten zur Lebenshilfe bieten uns Rezepte der Einkehr, der Besinnung und der Umorientierung, die gleichwohl besser helfen als die teuerste Arznei und Psychopille.

Konsumgewohnt, erliegen wir den Verlockungen geschäftstüchtiger Glücksvermittler mit ihren suggestiven Versprechungen. Bereitwillig lassen wir uns auf Erfolgsseminaren begeistern, auf Verkaufstreffen von geschulten Motivationssprechern emotional hochputschen und unser menschliches Potential umorganisieren. Verschiedene Anti-Streß-Programme und Kuren nehmen sich ausgiebig unserer Psyche und unseres Aussehens an. Wir erfahren in kostspieligen Schulungen, daß es besser ist, produktiv über Geld nachzudenken, als einen ganzen Monat dafür zu arbeiten. Wir lernen, Zeit und Raum zu organisieren, Ziele und Prioritäten zu setzen und tatsächlich auch mehr aus unserem Leben zu machen, als uns zuvor bewußt war. Wir denken positiv, sind kreativ, handeln aus der Mitte heraus und befolgen geflissentlich alle Grundsätze, die uns zum Meister des Erfolges machen.

Wir wenden viel Geld auf, um uns mit gelehrigen Worten und Ratschlägen zu füllen. So wunderbar sie klingen, doch wenn einer dieser kostbaren Erfolgsschlager wirklich helfen würde, dann müßten wir nicht immer wieder neue Bücher kaufen und weitere Seminare besuchen.

Wenn es so viele Patentrezepte und Antworten für Glück und Erfolg gibt, warum haben dann nicht alle, die sie kennen, eine glückliche Hand in all ihren Unternehmungen? Wenn es so viele Schlüssel gibt, warum öffnet nicht wenigstens einer die Pforte in der Mauer, die uns einschränkt? Und wenn sie verborgene Fähigkeiten aufschließen helfen, warum versagen dennoch so viele beim Öffnen der Tür im täglichen Leben? Und wenn sie die geheime Pforte einen Spalt öffnen, warum nur für eine begrenzte Zeit? Warum weichen die kurzen Träume bald der tristen Realität des Alltags?

Was wurde aus dem Gefühl der Hochstimmung? Wir waren doch angestimmt, angehoben und wollten unser Leben ändern. Was wurde aus der brennenden Inspiration? Die Antwort liegt nicht in Büchern oder Techniken, auch wenn sie funktionieren, denn sie helfen nicht auf Dauer, wenn wir eines dabei übersehen. Nicht die Technik ist wichtig. Du bist es. In Dir ruht die Antwort.

Heilung durch Information

Wir bleiben so lange im Kreislauf alter Gewohnheiten verhaftet, bis wir den passenden Schlüssel finden und einsetzen. Jede Weigerung zu lernen, was uns der jeweilige Lebensabschnitt beibringen soll, jedes Verkleistern der eigenen Empfänglichkeit durch überhebliches Millimeter-Denken, jede Suche nach Schuldigen in äußeren Gegebenheiten verhindert eine Klärung unserer Lebensumstände. Gott, Staat, gesellschaftliche Verhältnisse, Polizei, Eltern, Gene sind nie die alleinige Ursache für unsere individuelle

Lebenssituation. Erlösung muß sich immer auf den Ursachenbereich erstrecken, um wirksam zu sein. Ein Spiegelbild im Wasser kann nicht dadurch verändert werden, daß man die Wasseroberfläche aufwirbelt. Das Bild muß korrigiert werden, das sich auf der Oberfläche nur reflektiert. Ein temporäres Aufwühlen der Oberfläche, ein Protestieren, Beschweren, Jammern, Hoffen, Weinen, Ärgern, Verdrängen oder Resignieren bedeutet noch lange nicht die Lösung einer Situation im täglichen Leben, und sei sie noch so klein.

Ähnlich wie in der Homöopathie heilt im Sinne des Wortes nur das Verabreichen von Information. Echte Heilung ist niemals aus der eigenen, erkrankten Situation heraus möglich. Sie kann auch nie unbehandelt innerhalb der eigenen Grenzen stattfinden. Ein echtes Heilsgeschehen setzt demnach das Verabreichen einer Information voraus, wie im Falle einer körperlichen Erkrankung die Information eines Arzneimittels.

Die Heilung verzögert sich, wird sogar verhindert, wenn wir nur das auftretende Symptom verschieben oder unterdrücken. Sind darüber hinaus die symptomunterdrückenden Maßnahmen, ähnlich wie bei den stets mit schädlichen Nebenwirkungen behafteten allopathischen Arzneimitteln, zu stark und intensiv, erzeugen sie einen Schock. Die eigenen Selbstheilungskräfte und das eigene Lernvermögen sind dann blockiert. Zu starke Zwänge und gewaltsame Konditionierungssignale bauen schließlich Ängste und Abwehr in uns auf, die entwicklungshemmend wirken.

Das Leben führt uns zunächst auf sanfte Weise zur sinnerfüllten Selbstbegegnung. Probleme lassen sich nicht aus dem Wege räumen dadurch, daß wir beim ersten Aufleuchten von Warnsignalen fliehen, die Arbeitsstelle oder den Partner wechseln. Im Gegenteil, oft wachsen Hindernisse immer steiler an und türmen sich zu erstaunlich hohen Hürden. Es liegt an Dir, in der jeweiligen Lebenssituation die neue Information oder den Lernimpuls aufzugreifen und umzusetzen. Jedes Hindernis im Leben will Dir etwas begreiflich machen und gereicht damit zu Deinem Vorteil. Das, was im Leben Dir geschieht, zeigt, wo Du stehst. Du lebst wie in einem Spiegelkabinett. Ungeachtet, mit welchem Umfang die verspiegelten Mauern des selbstgegrabenen Kerkers Deinen Horizont einkreisen, sie reflektieren immer Deine Lebensauffassung. Und stellen sich verdichtet als Situation in Deinem Leben dar. Dein Leben ist Dein verdichteter Geist.

So liegt es nun an Dir, Deinen Horizont zu erweitern. Du selbst mußt aus dem Rahmen treten, in dem bislang Dein Selbstbild festhängt. Du selbst mußt Dir die Grenzen öffnen, damit Du das erreichen kannst, was Du ersehnst. Du kommst nicht mehr umhin, die Verantwortung für Deine Lebensumstände zu übernehmen. Die Trauben im Leben hängen hoch, und wenn Du Dich nicht aus der begrenzten Selbstauffassung streckst, wirst Du sie nie erreichen. Gerne möchte auch der Fuchs in der Fabel die süßen Trauben verzehren, aber weil er sie nicht erreichen kann, spricht er zu sich: »Sie sind zu grün und nur für Strolche gut.« Ist es klug von ihm, so zu reden statt zu klagen? Sind Träume wirklich nur solange schön, wie sie unerfüllbar bleiben? Kein Zufall führt Dir je die Früchte des Lebens in den Mund, die Dir Dein ›Nein‹ versagt.

Die 130 000 ›Neins‹

Bereits in den ersten Tagen der Kindheit werden die Strukturen für das Selbstbild gelegt. Nach einer kurzen Zeit der Unschuld und Erfüllung aller Bedürfnisse wiederholt sich in jedem Leben allegorisch der Ausschluß aus dem Paradies. Ab dem zweiten bis vierten Lebensjahr entwickelt das Kind so viel an Eigensinn und Bewegungsdrang, daß es mit den Geboten und Verboten seiner Umwelt, vor allem seiner Eltern und Erzieher, in Konflikt gerät. Es erfährt die Grenzen seiner Macht. Der Eigenwille des Kindes muß gebrochen werden – am besten, ohne daß das Kind es merkt –, damit es später als Verbraucher und Bürger wunschgemäß gehorcht.

Das Kind hört ständig ›Nein‹. Selbst in normal geordneten Verhältnissen hört das Kind zu Hause und später in der Schule täglich zwanzig bis dreißig Mal ein ›Nein‹. »Du kannst nicht.« »Du sollst nicht.« »Du darfst nicht.« »Du bist nicht.« Bis zur Volljährigkeit ist das Kind der ständigen Programmierung von 130 000 ›Neins‹ ausgesetzt. Selbst wenn es ›nur‹ 100 000 oder 60 000 ›Neins‹ zu hören bekam, ist das entschieden zuviel.

Wie oft hast Du dagegen in den Jahren des Erwachsenwerdens ein ›Ja‹ gehört, wie gut Du etwas kannst, wie gut Du bist? Ein paar tausend Mal? Ein paar hundert Mal? Oder gar nur drei, vier oder fünf Mal? Vermochten die spärlichen Dosierungen von gelegentlichen ›Jas‹ den mächtigen Sperriegel von fortwährenden ›Neins‹ gegen Deine Selbstbejahung auszugleichen?

Nicht alle Menschen sind gleich, nicht einmal von Geburt an gleich. Denn jeder von uns bringt andere

Voraussetzungen, Fähigkeiten und Begabungen mit in sein Leben. Die Last der Mauersteine, die auf unsere Kinderschultern aufgeladen wird, baut sich hinter verschlossenen Türen, unter dem Aufblicken tränenreicher Kinderaugen, in vielen Formen von ›Nein‹ auf.

Die stete Dressur knechtet das kindliche Aufbegehren mit einer Unzahl von hemmenden Äußerungen wie:

»Du doch nicht.«

»Das kannst Du nicht.«

»Das brauchst Du erst gar nicht zu versuchen.«

»Das geht schief.«

»Du hast nicht die geringste Chance.«

»Du kannst nicht über Deinen Schatten springen.«

»Du bist unmöglich.«

»Warum tust Du nie, was man Dir sagt?«

»Du bist in Sünde geboren.«

»Warum bist Du nicht brav?«

»Ein Junge weint nicht.«

»Das ziemt sich nicht für ein Mädchen.«

»Warum kannst Du nicht wie die anderen sein?«

»Was sollen denn die Leute denken?«

»Kannst Du nichts recht machen?«

»Immer machst Du alles falsch.«

»Du bringst mich noch ins Grab.«

»Nie hörst Du zu.«

»Du bist häßlich, dick, dumm, faul, frech und gefräßig.«

»Du bist ein Tolpatsch.«

»Du bist bloß ein kleines Würstchen.«

»Dir kann man nicht trauen.«

»Das ist verboten.«

»Du hast schlechten Umgang.«
»Du hast keinen Grund zum Lachen.«
»Du bist eine Null.«
»Du bist ein Versager.«
»Aus Dir wird nie etwas.«
»Du lernst es nie.«

Die wenigsten Eltern bestehen die pädagogische Herausforderung, das heranwachsende Kind liebevoll zu motivieren. Sie wissen oft nicht, wie schlimm und verheerend sich solch minderwertige Aussagen für das Urvertrauen und erste Selbstbild des Kindes auswirken, das sie doch so lieben und für das sie nur das Beste wollen. Das Kind versucht, eine individuelle Lösung zwischen den beginnenden Eigenimpulsen und den Erfordernissen der Umwelt zu finden. In dieser für die weitere Selbstführung wesentlichen Lernphase paßt es sich den Eindrücken an, denen es am häufigsten und nachhaltigsten ausgesetzt ist. Ohne Frage überwiegen in der Mehrzahl die beispielhaft aufgeführten identitätseinschränkenden Prägungen. Die durchschnittliche Zahl von 130 000 ›Neins‹ verlangen dem geliebten Kind ungeheure Anstrengungen ab, wenn es die entstandene Mauer aus Selbstzweifeln im künftigen Leben überwinden will, um auch nur ein Quäntchen Erfolg zu finden.

Das Bild in unserem Kopf

Der Preis für unser Selbstbild ist sehr hoch. In ihm sind mit dieser Programmierung all unsere Fähigkeiten und Eignungen eingemörtelt. Es ist die Gußform für unsere Selbstauffassung und unser Selbstwertgefühl. Eine einfache Übung soll uns dies verdeutlichen. Nimm einen Stift und zeichne ein Selbstporträt in einen der freien Rahmen. Lies über diese einfache Übung nicht hinweg, sondern male, wie Du Dich siehst. Dabei ist es nicht so wichtig, wie gut Du im Detail zeichnen kannst. Lies im Text nicht weiter, sondern zeichne einfach einmal in Umrissen, wie Du Dich siehst:

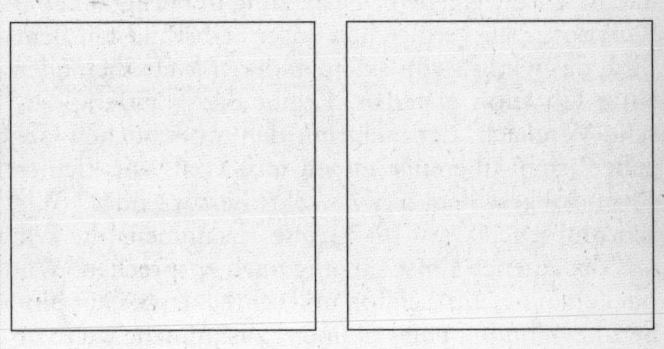

Jetzt betrachte, wie groß oder wie klein Du Dich in dem Dir zur Verfügung gestellten Rahmen gezeichnet hast. Füllt Dein Selbstbild den ganzen freien Raum aus oder hast Du Dich zwergenhaft in eine Ecke eingedrängt? Besteht Dein Selbstporträt nur aus Deinem Gesicht oder umfaßt es den ganzen Körper? Stehst, läufst oder liegst Du? Lachst Du oder trägst Du eine eiserne Maske? Du kannst Dir bereits aus diesen Fragen eine Menge über Deine Selbstauffassung erschließen. Deine Zeichnung reflektiert die innere Einstellung, die Du von Dir hegst. Diese Übung soll bereits eine Anregung sein, Dich positiv darzustellen. Zeichne Dich nun raumfüllend in den zweiten Rahmen mit offenen Augen und strahlendem Gesicht. Präge Dir dieses Bild so oft es geht und immer wieder ein. Es soll Dich ermuntern, ein positives Selbstbild aufrechtzuerhalten.

Wir können nie größer und vitaler werden, als es das unsichtbare Bild erlaubt, das wir von uns haben. Die Wahrnehmung und Deutung der Lebensumstände ist grundlegend geprägt von unserem eigenen Selbstbild. Grundlage für unser Handeln ist zunächst unsere eigene Einschätzung in bezug auf eine Situation. Wir vergleichen unser Selbstbild mit dem Bild, das wir uns von einem anderen Menschen oder einer Situation erstellen. Ergibt dieser psychologische Vergleich, der nicht mit den tatsächlichen Gegebenheiten übereinstimmen muß, daß wir kleiner sind, so geschieht etwas sehr Bestürzendes. Wir schrumpfen bis auf die Größe zusammen, die wir uns der eigenen Einschätzung nach zusprechen. Wir buckeln noch am Telefon und schrecken bei der bloßen Erwähnung eines Namens zusammen, weil wir zulassen, daß das Selbstbild eines anderen über unser eigenes dominiert. Wir unterwerfen uns in unserem Denken und Handeln, denn wir sind uns selbst nicht mehr sicher. Sagt uns umgekehrt unser Selbstbild, daß wir größer sind, so fühlen und handeln wir ohne Einsicht in die eigenen Grenzen, als ob wir die Größten wären.

Wie sehr das Selbstbild unser Handeln beeinflußt, schildert auch ein bekanntes Experiment. Eine Gruppe von Studenten sollte einfache Testaufgaben korrigieren. Mit einem Teil der Studenten war ohne Wissen der übrigen Studenten abgesprochen, bei bestimmten Fragen absichtlich eine falsche Lösung als richtig anzugeben. Das verblüffende Ergebnis war, daß, wider besseren Wissens, 33% aus der Gruppe

34

der übrigen Studenten in das Fehlurteil der Mehrheit einstimmte, nur weil die Mehrheit den Fehler zur ›Wahrheit‹ erhob. Nach dem Grund ihres Handelns befragt, gaben die meisten dieser Opportunisten an, »die anderen haben sicher recht, ich muß mich geirrt haben«; »ich wollte, daß das Ergebnis einheitlich ist«; oder erschreckenderweise, »bei mir stimmt etwas nicht, und die anderen sollen das nicht merken«.

Was passiert zum Beispiel, wenn Dir innerhalb weniger Minuten mehrere Menschen begegnen und Dir vorwerfen, wie blaß Du heute aussiehst? Dem ersten wirst Du entgegnen, daß Du Dich gar nicht schlecht fühlst, im Gegenteil! Dem zweiten und dritten, daß Du Dich eigentlich gut fühlst, und beim vierten, der Dir mitteilt, wie schlecht Du aussiehst, bist Du Dir auf einmal gar nicht mehr so sicher, daß Du Dich wirklich gut fühlst.

Das Anch-Prinzip

Die Meinung der anderen wird schnell zur unablässigen Horrorvision. Mit 97%iger Wahrscheinlichkeit machen wir uns in vermeintlicher Erwartung vor Bestrafung, Tadel oder Lob abhängig von der Meinung der Umwelt. Wir sind bereit, uns zu prostituieren, nur um die in Aussicht gestellte Liebe, Anerkennung und ersehnte Streicheleinheiten zu erhalten. Wir nehmen sogar Schläge und Streit als eine Art negativer Streicheleinheiten hin, wenn unser Selbstbild sehr niedrig ist, bevor wir überhaupt keine Aufmerksamkeit bekommen. Je länger wir ein angenommenes Selbstbild aufrechterhalten und je mehr wir es mit Gefühlen zusammenkitten, desto fester meißeln wir uns in dieses Bild hinein. Doch jeder sollte unter der Maske oberflächlicher Anpassung sein Selbstbild kennen und sehen lernen. Wie Oscar Wildes Dorian Grey, dessen romanhaft verzerrtes Selbstbild sich in einem gemalten Porträt spiegelte, so entdecken wir uns in den Lebensumständen, die uns umgeben.

Die altägyptische Hieroglyphe Anch (Rosenkreuz) hat eine faszinierende zweifache Bedeutung. Anch steht für Leben und für Spiegel. Ein uraltes Geheimnis verbindet diese beiden Begriffe, Leben und Spiegel, miteinander. Das Leben ist ein Spiegel unseres inneren Selbst, unseres Selbstbildes. Die Grundlage für unser Leben legen wir selbst durch das Bild, das wir in uns tragen. Realität ist immer das, was wir wahrnehmen. Und das, was, und insbesondere wie wir etwas wahrnehmen, ist davon abhängig, wie wir uns selbst sehen. Daher ist Realität, die für uns in unseren Lebenssituationen besteht, bedingt durch unser eigenes Selbstbild.

Dieses Selbstbild wird in den bildenden Jahren durch die Erziehung eingepreßt in die Vorstellungen, die andere von uns haben. Der heimtückische Trick in der Erziehung besteht darin, daß wir dazu gebracht werden, innerlich das zu wünschen und für erstrebenswert zu halten, wozu uns äußerlich die Umstände und Gesetze zwingen. Ohne Rücksicht auf die ureigenen Neigungen, Wünsche und Fähigkeiten verändern wir einseitig und im Übermaß unser Selbstbild auf die Erwartungen der Umwelt hin und wundern uns dann, wenn wir nicht mehr Meister unseres Schicksals sind. Wir verschleudern die Trümpfe für unsere Rolle im Leben, unsere

Selbstachtung und Lebensfreude, wenn wir uns ein minderwertiges und verwahrlostes Selbstbild zusprechen.

Die eigene Wertschätzung

Die Einschätzung des eigenen Wertes ist von maßgeblicher Bedeutung, denn wir übertragen unsere Wertschätzung in unserem Denken, Fühlen und Handeln wieder auf die Umwelt zurück. Äußere Anerkennung und Bestätigung in einer konformistischen Welt ist mit Sicherheit nicht so ausschlaggebend, wie es die eigene Selbstauffassung ist. Du allein hast das Recht, Dir Deinen Selbstwert beizumessen. Was nutzt Dir jede Gunst des Schicksals, wenn Du Dich selbst verdammst? Im Selbsthaß ist auch positives Denken nur eine Krücke, die Dich nicht weit trägt. Liebe, die andere Dir schenken, prallt an Dir ab, wenn Du diese Liebe nicht annehmen kannst, weil Du Dich selbst nicht liebst. Liebe Dich selbst *wie* Deinen Nächsten. Das heißt doch aber mit anderen Worten, bevor und damit Du überhaupt anderen Liebe geben und zu einem echten sozialen Verhalten finden kannst, mußt Du Dich erst selbst lieben lernen. In dem Moment, wo Du beginnst, Dich zu lieben, erhöht sich sofort Dein Selbstwertgefühl und Deine Lebensfreude. Nähre Deine Selbstauffassung stufenweise mit Komplimenten und Erfolgserlebnissen, die Du für Dich schaffst. Beginne noch in diesem Atemzug, für Dich selbst Liebe zu empfinden. Gestalte mit den später aufgeführten Techniken und Beispielen Dein eigenes Selbstbild positiv.

Doch nicht die dünne Maske Deiner sterblichen Persönlichkeit ist liebenswert, gleichwohl Du ihr durch starkes Polieren an der glatten Oberfläche wohl einen starken Glanz verleihen kannst. Du sollst nicht Deine Maske lieben, sondern Dich.

Erwartungen äußerer Bestätigung und Anerkennung machen aus Dir eine willfährige Marionette, die an fremden Fäden strampeln darf. Im Vergleich mit anderen findest Du Dein Zentrum nicht, weil Du wahrscheinlich Beweise gegen Dich aufstapelst. Fürchte nicht, falsche Erwartungen fallen zu lassen, denn Du endest sonst in der Enttäuschung, nicht wirklich oder vergeblich gelebt zu haben. Fühle Dich daher in Dir wohl, so wie Du bist, ungeachtet vergangener Umstände und Fehler. Du brauchst nicht versuchen, jemand anderer zu sein, der Du nie sein kannst. Du kannst immer nur Du selbst sein, Dir Feind oder Freund. Deine Mühen sind erst dann von Erfolg gekrönt, wenn Du die Samen des Mißerfolgs aus dem Garten Deines Bewußtseins gerodet hast. Sage Dir durch Selbstgespräche, daß Du würdig bist, die verborgenen Freuden des Lebens entgegenzunehmen.

3

Der richtige Umgang

Strategien des Erfolgs

Der Glückliche ist seines Glückes eigener Schmied. Die unendliche Geschichte des Lebens lehrt uns weise: Du kannst tun, was Du willst. Das ist die Freiheit, die uns zugesprochen ist. Tue, was Du willst, aber sei Deiner sicher. Das ist die Verantwortung, die mit der Freiheit einhergeht. Und tue, was Du willst, in Liebe. Denn ohne Liebe ist jedes Handeln und Fühlen wie rohe Gewalt; gleichzeitig ist Liebe ohne die Kraft zu wissen, was und warum Du etwas vollbringst, bloße schwächliche Sentimentalität. Es bedarf keiner Erlösung, um uns in den Zustand frei bestimmbarer Erfüllung zu führen. Jedenfalls keine, die uns in Büchern oder von der Kanzel herab in Aussicht gestellt wird, wenn wir nur in fortwährender Selbstgeißelung das Jammertal des Alltags ertragen. Erst die Erkenntnis, daß wir nur aus dem selbstgeschaffenen Dunkel in das Licht des Lebens treten müssen, löst den Akt der Selbsterlösung aus, wie es in der Antike bereits Plato in seinem Höhlengleichnis beschrieben hat.

Aufschluß über Erfolg und Versagen vermittelt uns ein praller Schlüsselbund mehr oder weniger gut fundierter Theorien. Er erschließt uns Strategien, die bei genauer Betrachtung meist zweierlei gemeinsam haben:

– die meisten Strategien sind nicht von Dauer, und nach einer kurzen Zeit der Euphorie gewinnen die alten Gewohnheiten erneut die Oberhand,

– die meisten Strategien bauen nur auf Teilaspekten auf. Das Fehlen des Gesamtzusammenhangs bedingt, daß die Anwendung nur in begrenztem Umfang oder in bestimmten Umständen erfolgreich ist.

Jahre kannst Du daher damit verbringen, eine, mehrere oder alle der gängigen Strategien zu verfolgen.

Ohne jemals vollständig sein zu können, sind einige dieser Erfolgskonzepte der Übersicht halber einmal wertfrei zusammengefaßt:

Bete
Glaube an Dich
Organisiere Deine Zeit
Aktiviere die Kräfte des Unterbewußtseins
Denke positiv
Denke und werde reich
Dynamisiere Dich selbst
Sei Du selbst
Sei beharrlich
Sei vital
Vertraue Deinem Schicksal
Lebe und gewinne
Ergreife Verantwortung
Träume Deinen Weg zum Erfolg
Setze Dir Ziele
Akzeptiere Dich
Habe Selbstvertrauen
Visualisiere Deine Wünsche
Sei kreativ
Synchronisiere Deine Gehirnhälften
Kontrolliere Streß
Nimm Dein Leben in die Hand
Handle begeistert und Du wirst begeistert sein
Sei zielsicher
Wisse, was Du willst
Plane Deine Arbeit und arbeite nach Plan
Sei tolerant

Liebe Deinen Nächsten wie Dich selbst
Sei mutig
Gib nie auf
Du bist stärker als Du glaubst
Sage ja und Du kannst
Setze Prioritäten
Sei fleißig
Habe keine Angst vor dem Erfolg
Sei humorvoll
Lerne Dich zu verkaufen
Zeige was Du kannst
Kämpfe weiter
Sag die Wahrheit
Motiviere Dich
Meditiere
Strahle Faszination aus
Behandle andere,
wie Du selbst behandelt werden möchtest
Überlege was Du tust
Handle aus der Mitte
Reiß Dich zusammen
Sei natürlich
Bleibe Dir treu
Gehe strategisch vor
Hetze Dich nicht
Sei ehrlich
Finde Freude an Deiner Arbeit
Strahle Selbstbewußtsein aus
Sei einfach
Ernähre Dich gesund
Arbeite in Übereinstimmung mit dem
Höheren Selbst
Sei sachlich
Behalte Deine Lebensfreude

Hilf Dir selbst, sonst hilft Dir keiner
Denke fortschrittlich
Sei großzügig
Erkenne Probleme als Gelegenheit
Sei liebevoll
Sei menschlich
Kommuniziere optimal
Erkenne Dich selbst

Abgesehen von dem erheblichen Kräfteaufwand, dessen eine persönliche Umorientierung bedarf, scheint zweifellos mit dem Wissen um all diese Ratschläge der Erfüllung unserer geheimen Wünsche nichts mehr im Wege zu stehen.

Wer kennt nicht das Beispiel eines gutgläubigen Lesers, der eine beeindruckende Bibliothek besitzt, die nicht nur den Wohnraum füllt, sondern auch den Schlafbereich in Anspruch nimmt. Diese Bibliothek besteht fast ausschließlich aus Schriften zur Selbsthilfe. Kaum eine Strategie, die dieser gute Mann nicht kennt und keinen Kurs, den er nicht schon belegte. Seine krisenfeste Dauerstellung kündigt er auf, da der in schillernden Farben geschilderte, unausweichliche Erfolg zum Greifen nah erscheint. Doch Jahre später sind die Träume immer noch unerfüllt, die Realität des Alltags dafür um so härter.

Erfolg hat, wer an ihn glaubt? Oder wer fleißig alle Strategien befolgt? Wir können unsere Fähigkeiten erweitern, vorausgesetzt wir stolpern nicht über den wesentlichsten Zwischenschritt, den man gerne übersieht. Wenn wir das bisherige Selbstbild auf unser Wunschbild hin neu gestalten wollen, müssen wir den Abgrund von Raum und Zeit überschreiten, der zwischen beiden Bildern liegt. Neueste Erkenntnisse aus der Physik sagen uns, daß es eine Raumgeometrie gibt, die bestimmt, wie sich ein Körper in der Zeit bewegt. Dieses Führungsfeld bestimmt die Bewegung von Materie in Raum und Zeit.

Und unsere Programmierungen sind, übertragen auf unsere Lebenssituation, ein eben solches Führungsfeld, das wir nicht ohne weiteres verlassen können. Jedenfalls nicht bevor wir die Programmierung geändert haben, die uns auf vorausberechenbaren Gleisen hält. Wir finden das fehlende Puzzlesteinchen, das den Sprung über diesen Abgrund erst ermöglicht, im Selbstgespräch!

Das ärgste Sicherheitsrisiko

Der Mensch ist sich selbst sein größtes Sicherheitsrisiko. Er lebt auf dem Pulverfaß seiner negativen Programmierung. Diese offenbart sich bereits in unserer Einstellung der Gesundheit gegenüber. ¾ aller Krankheiten sind sogenannte Zivilisationskrankheiten, selbst verursacht durch eigenes Fehlverhalten. Wir essen zu viel, zu süß, zu fett, zu salzig und treiben zu wenig Ausgleichssport. Dennoch fällt es uns schwer einzusehen, daß wir den Großteil unserer Erkrankungen selbst hervorrufen, daß Krankheiten wie Krebs, Herz-Kreislauf-Störungen, Migräne und andere mehr die Folge unserer gestörten Lebensweise sind. Wir beschweren uns über Risikozuschläge für Raucher und Übergewichtige und murren, wenn wir feststellen, daß sich unsere Beschwerden nicht mehr mit bequemen Pillen wegschieben lassen.

Die offenkundig negative Programmierung wirkt sich nachhaltig auf unsere Gesundheit aus und beeinträchtigt das Energiesystem des Körpers. Der Mensch ist nicht krank, weil er Symptome hat. Er ist längst innerlich durch falsche Programmierung erkrankt, bevor er noch psychische und körperliche Symptome zeigt. Grübler bleiben länger krank, und es gelingt ihnen kaum, ihre Lebensaufgaben zu lösen. Dagegen sind selbstbewußte Menschen meist gesund und offenbaren eine zuversichtliche und freudige Lebenseinstellung.

Bei einfacher Selbstbeobachtung können wir bereits feststellen, daß über 75% unserer Gedanken und Gefühle negativer Art sind, hemmend wirken und in allen unseren Lebensbereichen tatsächlich gegen uns arbeiten. Unsere Teilnahme am täglichen Leben ist vor allem geprägt durch die Art der Programmierung, die wir Tag für Tag und Jahr für Jahr erhalten. Je öfter und intensiver uns ein Programm zu Ohren kommt, desto stärker prägt es sich Schicht um Schicht in unser Selbstbild ein. Wenn über 75% unserer Programme negativ ausgerichtet sind, so erstaunt es kaum, daß so viel in unserem Leben nicht dem entspricht, was wir gerne hätten. Metaphysische Spekulationen über Glück und Pech, Kismet und Karma weisen selten auf die bestimmende Kraft der verinnerlichten Programmierung hin. Mit dem Wissen um des Pudels Kern können wir nun wieder die Regie in unserem Leben übernehmen. Dazu benötigen wir keine umständlichen Seminare, keine teure Ausbildung und auch kein Geld. Wir können sofort damit beginnen. Wir können die Art unserer bisherigen Programmierung durch richtig geführte Selbstgespräche ändern.

Die Herausforderung

»Doch mit des Geschickes Mächten ist kein ewger Bund zu flechten«, schrieb Friedrich Schiller in einem Gedicht. Die unverwechselbaren Furchen Deines Lebens graben sich jedoch nicht zufällig in Dein Gesicht. Das Leben schreibt Deine Geschichte aus in Dir vorherrschendem Leid oder Freud. Es nimmt dazu die Gedanken und Gefühle, die Du, leise oder laut, vor Dich hinsprichst. Viele dieser Gedanken und Gefühle, besonders aber die tiefen Gefühlsstimmungen, die sich kaum in Worte fassen lassen, schwelen unbewußt in Deinen inneren Kammern als Meinung über Dich. In verborgener geistig-psychischer Aktivität prägen sie entscheidend den Lauf des Lebens. Doch sie äußern sich in den Gesprächen, die Du selber mit Dir führst.

Selbstgespräche sind eine der wichtigsten Angelegenheiten in Deinem Leben, häufig in ihrer tiefgreifenden Bedeutung verkannt und belächelt. Was und wie Du Dir etwas, laut oder leise, sagst, wie Du in Deinem Herzen denkst und fühlst, entscheidet über die Strukturen Deines Lebens. Wir werden zu dem, was wir – aus welchem Grund auch immer – uns am meisten vorsagen. Aus den abertausend ›Neins‹ und den seltenen ›Jas‹ der Kindheit entstand in einer zwingenden Reihenfolge Deine Lebenssituation. In der Schule des Lebens sind wir dafür verantwortlich, richtige Antworten zu lernen und neue Lebenswahrheiten für uns durch Selbstgespräche zu schaffen. Selbsteinschränkende Programme lassen sich kaum durch ein Verändern der äußeren Gegebenheiten beseitigen. Innere Sehnsüchte, Friede und Erfüllung im Leben bleiben ohne Änderung der

Lebenspraxis bedeutungslos. Sie verwirklichen sich nicht durch Reformieren einer entfremdeten, von egoistischen Anschauungen beherrschten Welt.

Kerkermeisterei

Kein beßrer Kerkermeister als wir selbst verstünde uns in den Grenzen unseres Horizonts festzuhalten. Die heimtückischen Illusionen des veräußerlichten Lebens haben die Folterinstrumente des Mittelalters wirkungsvoll ersetzt. Die Wälle unseres selbsteinschränkenden Gebäudes mauern wir uns fortwährend selbst. Die meisten Menschen glauben nicht mehr an sich selbst und haben ihre schöpferischen Kräfte verloren. Der indische Dichter und Philosoph Rabindranath Tagore erklärt mit der zarten Macht eines Gedichtes aus ›Hohe Lieder‹:

>»ER,
den ich mit meinem Namen umschließe,
er weint im Gefängnis.
Ich bin immer geschäftig,
die Mauer um ihn zu bauen und wie der Wall
in den Himmel wächst Tag für Tag,
verlier ich in seinem tiefen Schatten mein
wahres Sein aus dem Auge.
Ich bin stolz auf die mächtige Mauer,
verkleb sie mit Staub und mit Sand;
daß nicht das kleinste Loch
in diesem Namen bleibe.
Bei all dieser Sorge
verlier ich mein wahres Sein
aus dem Auge.«

Wir können unser wahres Selbst aus dem Auge verlieren, in dem Sinne von vergessen, mit einer Maske umhüllen oder einmauern. Niemals jedoch sind wir fähig, unser wahres Selbst zu verlieren, denn das hieße, daß es eine Trennung zwischen dem wahren Selbst und dem Ich gäbe. Das ist nicht der Fall. Das eigentliche Ich, das wahre Selbst ist der Beobachter, der Steuermann und Kapitän im Hier und Jetzt des Lebens. Dennoch können wir aus der Identität des Selbst heraus in Dummheit fallen, uns dergestalt von der Einheit allen Lebens trennen, daß wir uns in der Welt körperlicher Sinne als getrennte, einsame Menschen begreifen. Mit unerschöpflichem Erfindungsreichtum bauen wir unentwegt in Selbstgesprächen frühmorgens vor dem Spiegel, während der Fahrt im Auto oder öffentlichen Transportmitteln, tagsüber während der Arbeit, allein oder in der Gruppe, die trennende Mauer auf. Beobachte, was Du denkst und sinnst, wenn Du gedankenverloren in Dich hörst. Welche Grundstimmung herrscht in Dir vor?

Hüte Dich vor den dunklen Ziegeln, die hier beispielhaft im erhellenden Licht der Aufmerksamkeit zusammengestellt sind:

»Ich kann nicht«
»Ich bin ein Versager«
»Ich habe kein Geld«
»Ich weiß nicht, was ich soll«
»Meine Lage wird immer aussichtsloser«
»Ich habe nie Erfolg«
»Ich bin zu nichts zu gebrauchen«
»Ich habe nie Glück«
»Ich kann mich nicht erinnern«

»Ich kann nicht mehr«
»Ich (Schimpfworte)«
»Ich bin zu schüchtern«
»Ich habe kein Talent«
»Wie sehe ich nur wieder aus (Unterton: negativ)«
»Mir wird schlecht«
»Ich halt's im Kopf nicht aus«
»Ich werd' noch wahnsinnig«
»Ich bin halt so (Unterton: schlampig, schlecht, etc.)«
»Das habe ich mir schon gedacht (Unterton zu 75%:
negativ)«
»Immer ich (Unterton: dito)«
»Ich habe keine Zeit«
»Ich kann mit Geld, Kindern, Autos, etc. nicht
umgehen«
»Ich habe keine Lust«
»Das Wetter macht mich ganz krank«
»Mir steht es bis zum Hals«
»Mir reicht's«
»Ich kann nicht aufhören«
»Dazu habe ich nicht mehr die Kraft«
»Ich bin nicht mehr in Form«
»Keiner liebt mich«
»Ich bin kein(e) gute(r) (beliebig)«
»Wenn ich nur einmal Glück hätte«
»Ich brauche es gar nicht erst zu versuchen«
»Ich komme immer zu spät«
»Ich bin unerwünscht«
»Immer gerate ich an den/die Falsche(n)«
»Ich bin schlecht«
»Alles bleibt an mir hängen«
»Ich bin krank«
»Ich bin zu alt«
»Ich war noch nie gut«

Diese Killerphrasen verbergen falsche Voraussetzungen, die unbesonnen als glaubhaftes Alibi für das eigene Versagen dienen. So bedrohlich wie die atomare Verseuchung der Erde verschmutzen sie unbeachtet unsere innere Umwelt und verstänkern unsere Gedankenströme, die ohne Kraft zur Selbstregeneration verkommen. Wie Viren bedrohen diese Äußerungen unseren Selbstwert. Ihre Stoffwechselprodukte sind die zerstörerischen Gifte für unsere geistige, psychische und körperliche Gesundheit.

Interessante Einsichten und Vergleiche verschafft Dir die Überlegung, von wem Du solche Negativ-Botschaften übernommen hast. Bei welcher Gelegenheit und warum? In welchen Lebenssituationen stehen solche Menschen? Haben sie Erfolg und sind sie glücklich? Wenn nicht, warum nimmst Du sie Dir dann zum Vorbild? Warum übernimmst Du dann die Art und Weise, wie solche Menschen ihr Leben zu einem Mißerfolg aufbauen? Freundliche und lustige Menschen, die immer eine aufmunternde Bemerkung zu sagen wissen, verbreiten eine Atmosphäre, die für alle gleichermaßen als frohe, anhebende Stimmung deutlich zu verspüren ist. Solche Menschen sind eine Quelle der Inspiration, und ihr Beispiel dient als überzeugender Beweis, wie unterschiedlich das Leben trotz möglicher Schicksalsschläge gestaltet werden kann.

Wenn Du Dich leichtfertig in den Sog selbstmindernder Botschaften fallen läßt, sie Dir in Selbstgesprächen immer wieder vorsagst, wieso sollte dann das Ergebnis etwas anderes sein? Pessimisten nennen die Wirkung Zufall, weil sie die Ursache nicht kennen, auch wenn sie zutiefst hoffen, daß sie sich irren. In der Murphologie des Alltags, »Wenn etwas schief gehen kann, dann geht es auch schief«, fällt das Butterbrot immer mit der belegten Seite auf den Boden, entgegen aller statistischen Wahrscheinlichkeit. Warum? Deine in das Unterbewußtsein übernommenen Programme können nicht mehr anders. Das Unterbewußtsein führt das aus, was Du ihm als Handelsmaxime eingegeben hast. Es ist der treue Diener, der den Anweisungen Deiner Selbstgespräche folgt.

4

Steuer-
zentrale
Gehirn

Stand der Gehirnforschung

Die Pforte des Lebens führt über die gewundenen Korridore unseres Gehirns. Die 1300 bis 1500 Gramm der grauen Masse zwischen unseren Ohren sichern uns Menschen die Sonderstellung auf der Bühne des Lebens. Die biologische Schaltzentrale aus 12 Milliarden Zellen für all die komplexen Vorgänge des Bewußtseins und des Unterbewußtseins ist leistungsfähiger, als es der beste Megachip je sein kann. Über elektromagnetische Impulse wird jeder Gedanke und jedes Gefühl millisekundenschnell in chemische Reaktionen umgesetzt. Seit Aristoteles, der noch glaubte, das Gehirn diene allein zum Kühlen des Blutes, beschäftigen sich Neurophysiologen, Psychiater, Psychologen, Philosophen und Mystiker mit den grauen und übrigens in den Innenschichten auch weißen Zellen. Viele Ergebnisse der letzten 10 Jahre über Wachstum, Alterung, Elektrochemie, Selbstregulation, Synchronisation und über Lernvorgänge sind überraschend und gleichzeitig unglaublich. Dennoch ist es der wissenschaftlichen Gehirnforschung trotz grausamer Tierversuche nicht gelungen, die Wahrheit über uns selbst in der Struktur und im Aufbau des Gehirns zu erkunden.

Anatomisch gesehen besteht das menschliche Gehirn aus dem verlängerten Rückenmark, dem Zwischenhirn (Thalamus), dem Hypothalamus, dem Kleinhirn, der Limbischen Region und den beiden Drüsen, der Hirnanhangdrüse (Hypophyse) und der Zirbeldrüse (Epiphyse), sowie dem Großhirn. Zwei Großhirnlappen bilden die beiden Hemisphären, die über einen Balken, dem Corpus callosus, miteinander verbunden sind, und überdecken das restliche

Gehirn, das ebenfalls in vielen Teilen symmetrisch aufgebaut ist.

Im Zwischenhirn werden alle ankommenden Sinneseindrücke und eingehenden Informationen mit früheren Erfahrungen verglichen, mit Gefühlen belegt, bewertet und die Auswertungen an andere Gehirnbereiche, vor allem an die Hirnanhangdrüse weitergegeben. Der Hypothalamus steuert über die darunterliegende Hirnanhangdrüse die Wechselwirkungen des Körpers mit der Umwelt. Aus diesem Grund gibt es keine geistigen Vorgänge, keinen Gedanken und kein Gefühl, die nicht von körperlichen Abläufen begleitet sind. Das Kleinhirn koordiniert alle willentlichen und automatischen Muskelbewegungen. Die Limbische Region beherbergt Instinkte und Reflexe. Aus der Limbischen Region, übrigens dem ältesten Teil unseres Gehirns, entstand die Großhirnrinde zur besseren sinnlichen Erfassung unserer Umwelt. Die Großhirnrinde schließlich verknüpft in einer Arbeitsteilung über beide Hemisphären hinweg alle vorhandenen Eindrücke und formt das eigentliche Ich-Bewußtsein. Die linke Hemisphäre ist verantwortlich für logisch-analytisches Denken und Handeln, die rechte Hemisphäre für bildhaftes, intuitives, gefühlsmäßiges Denken und Handeln.

Das Gehirn bildet sich je nach Art der Umwelt des Säuglings unterschiedlich aus. Die Grundstruktur des kindlichen Gehirns wird entscheidend beeinflußt durch Körperkontakte, Stimmen und Licht- und Bewegungseindrücke. Wenige Monate nach der Geburt ist das eigentliche Gehirnwachstum abgeschlossen, um fehlerfrei Informationen verarbeiten und speichern zu können.

Unser Gehirn ist schlauer und leistungsfähiger als wir ahnen. Die gewöhnliche Intelligenz ist nur ein schwacher Abglanz unserer wahren Kräfte und Fähigkeiten, die wir nur in geringem Umfang nutzen. Wir kriechen in einem Luxuscabriolet auf holprigen Pfaden, ohne je aus dem ersten Gang herauszuschalten, weil wir nicht wissen, daß wir höhere Gänge einlegen können. Es steht uns frei, in höhere Gangstufen zu schalten und in unserem Gehirn durch Selbstgespräche das in Bewegung zu setzen, was wir im Leben erfüllen wollen.

Der Verstand als Computer

Der Verstand ist Dein persönlicher Computer. Die Maschine in unserem Kopf sieht zwar einem Personal-Computer nicht sehr ähnlich, aber dennoch ist der Vergleich außerordentlich anschaulich. Eine einsatzfähige Computer-Anlage setzt sich zweckmäßigerweise aus Tastatur, Diskettenlaufwerk mit Disketten, Betriebssystem und Bildschirm zusammen und ist im weiteren mit einem Drucker verbunden. Im großen und ganzen stimmt die Tastatur mit der einer Schreibmaschine überein, abgesehen von einigen zusätzlichen Funktionstasten. Über die Tastatur erhält der Computer die Anweisungen, was er wie und wann auszuführen hat, vorausgesetzt er erhält die richtigen Befehle in der stimmigen Reihenfolge. Unsere fünf Sinne entsprechen dieser Tastatur. Alles, was wir über unsere Sinnesorgane des Fühlens, Riechens, Schmeckens, Hörens und Sehens als Eindrücke aufnehmen, speichert sich in unser Gehirn über die Tastatur der Sinne ein. Je stärker eine Sinneswahrnehmung mit Gefühlen verbunden ist, desto nachhaltiger prägt sie sich ein. Daher ist es äußerst wichtig, auf die Gefühlsstimmungen zu achten, wenn wir lernen oder Anweisungen aufnehmen. Die Art und Weise, wie wir zu uns reden, verbunden mit Gefühlsstimmungen, prägt unser Gehirn im gleichen Ausmaß, wie es im Alltagsgeschehen durch Umwelt, Kino, Fernsehen und übrigens auch durch Träume geschieht.

Das Diskettenlaufwerk nimmt alle über die Tastatur eingegebenen Informationen auf, seien es gewöhnliche Sinneswahrnehmungen, Eingebungen, Tagträume, Nachtträume, hypnotische Befehle oder suggestive Selbstgespräche. Die aufgenommenen Informationen verbleiben abrufbereit in dieser Speicherbank, bis sie gelöscht oder auf verschiedene Disketten, das sind kleine magnetische Speicherplatten, aufgezeichnet werden. Bis zu 12 Bilder in der Sekunde kann das Gehirn in der Form eines dreidimensionalen Hologramms aufzeichnen. Wie aus Werbeversuchen bekannt, kann das Gehirn selbst unterschwellige Botschaften noch über das Unterbewußtsein wahrnehmen, die wegen der Kürze der Zeit dem bewußten Blick der Augen längst entgangen sind.

Das Betriebssystem unseres Gehirns verarbeitet alle Anweisungen, Lerninhalte und Informationen unserer Erziehung. Alle Prägungen und Informationen ordnet dieses Betriebssystem wie bei einer Kartei auf Speicherplätze ein. Neueingehende Informationen werden zunächst mit den auf diesen Speicherplätzen bereits vorhandenen Informationen verglichen. Ähnliche, passende Informationen und Eingaben fügt es ohne weitere Nachfrage ein. Das eigene Fassungsvermögen übersteigende Informationen, die außerhalb des eigenen Horizonts liegen, wecken im Vergleich mit den abgespeicherten Daten keine Assoziationen und werden demzufolge als Unsinn eingestuft und zurückgewiesen. Die Art des Betriebssystems und der Umfang der Speicherplätze setzen somit unserer Lernfähigkeit und Selbstbestimmung beachtliche Grenzen. Der Arbeitsspeicher des Diskettenlaufwerkes ist unser Kurzzeitgedächtnis, und die Disketten oder Festspeicherplatten, die in der Arbeit mit dem Computer benötigt werden, entsprechen als Langzeitspeicher unserem im Unterbewußtsein verankerten Langzeitgedächtnis.

Der Bildschirm hilft den Ablauf der Programmierung bildlich darzustellen. Unser Bildschirm ist die Leinwand des täglichen Lebens. Die eigene Lebenssituation gleicht einem Wachtraum, der uns auf die inneren Vorgänge aufmerksam machen soll. Unsere Identität finden wir nicht in der Verstrickung mit der bürokratisch verwalteten Welt im Zuschauerraum. Das Alltagsgeschehen ist nur eine Spiegelung dessen, was sich auf der Leinwand vor dem geistigen Auge abspielt. Der innere Bildschirm zeigt in den Träumen des Tages und der Nacht und in stillen Momenten, wie es in Dir aussieht. Wenn du innehältst, kannst Du auf diesem inneren Bildschirm genau verfolgen, welche Gedanken und Gefühle an Dir vorüberziehen.

Die Arbeit keines noch so einfachen Computers ist davon abhängig, ob der Bildschirm eingeschaltet ist oder nicht. Der Vorgang der ständigen Programmierarbeit über die Einflüsse der Umwelt oder über das, was wir zu uns selbst sagen, wirkt uneingeschränkt. Das Diskettenlaufwerk Deines Verstandes speichert alle Programmierungen Deiner Erziehung, der Werbung und Deiner Selbstgespräche im Unterbewußtsein ab. Dieser Programmierung bist Du seit Deiner frühesten Kindheit ausgesetzt, auch wenn Du Dir dessen nicht bewußt bist oder nicht darauf achtest, weil Du so in der Hast des Alltags verstrickt bist. Das Ergebnis dieser Prägung zeigen wir unserer Umwelt analog über den Drucker: es sind unsere Gedanken, Gefühle und Handlungen.

Die Prophezeiung der Zukunft

Die Zukunft Deines Lebens ist die Geschichte Deiner Gedanken und Gefühle. Geheimnisvolle Blicke in die Glaskugel, auf Karten oder in die Sterne durch Wahrsager, Astrologen und andere Zukunftsdeuter verzögern nur den Moment, in dem Du Dich als eigener Prophet erkennst. Deine inneren Bilder und Stimmungen sind gesetzmäßig die klare oder trübe Gußform für Deine Wünsche. Du bewegst Dich in dem Licht, das Du Dir selbst entfachst oder selbst vorstellst. Mit verläßlicher Gründlichkeit prägt die Gußform Deiner Programmierung Deine künftigen Lebensumstände. Die Wirksamkeit dieses Gesetzes gilt für alle gleichermaßen und unabänderlich. Ob Du an die Schwerkraft glaubst oder nicht, ändert nichts an den Folgen eines Sprunges aus der Höhe eines Wolkenkratzers. Ebenso verhält es sich mit den vor den Augen der Masse verborgenen Gesetzen. Das Gesetz des Lebens ist weder schwierig zu verstehen noch ein romantisch-verklärter Wahn. Es ist so einfach und grundlegend, daß wir weder exotische Schamanen, lebensfremde Asketen, verknöcherte Schriftgelehrte noch Priester und Philosophen brauchen, die uns mit verstaubten alten Büchern nur verwirren. Das eigene Leben richtet sich nach dem Ausmaß unseres Verständnisses der Gesetze des Lebens. Wir prägen die als Licht und Ton schwingende Lebensenergie innerlich durch unsere Gedanken und Gefühle. Wir bestimmen, wo wir im Leben stehen, durch das, was wir in unsere Selbstgespräche übernehmen und über die persönliche Computeranlage in äußere Lebensumstände umsetzen.

Unsere Computerzentrale kümmert sich nicht darum, was wir eintippen. Die Tastatur verweigert nie die Eingabe. Und der Datenspeicher frägt nie nach, ob das, was Du ihm einprägst, wahr ist oder Lüge. Der Computer erfüllt automatisch Deine Befehlseingaben und kennt keine moralischen noch sonstigen Bedenken. Er vollbringt maschinengleich, was Du ihm sagst. Deine Programme entscheiden in erster Linie über Erfolg und Versagen, und nicht Dein Fleiß oder Deine Fertigkeiten.

Sicherlich sind nicht alle unsere Programme falsch. Manche sind ausgezeichnet, um uns das tägliche Leben und den Umgang mit anderen zu erleichtern und Unfälle zu vermeiden. Aber in den meisten Fällen sind über 75% unserer Programme selbstzerstörerisch und werden durch falsche Selbstgespräche fortwährend bestärkt. Dem muß aber nicht so sein. Wir können, wie beim Computer, das Betriebsprogramm einer gründlichen Revision unterziehen und austauschen. Wir können die unnütz gewordenen Speicher löschen und mit neuen, produktiven und förderlichen Programmen ersetzen. Alles, was Du dazu beitragen mußt, ist zu lernen, wie Du richtig mit Dir sprichst.

Die Früchte des Gartens

»An ihren Früchten sollt Ihr sie erkennen«, mahnen alte Schriftrollen. Wir ersehen aus den Früchten unseres Lebens jedoch weniger das, was oder wer wir sind, als allein den Wert unserer Betriebsprogramme. Jeder Mensch ist ein geistiger Zauberer, der uneingedenk der eigenen Fähigkeiten sich ausschließlich auf das Wirken des Computers verläßt. Je weniger Du Dir über Deine Rolle als Befehlsgeber im klaren bist, desto tiefer sinkt Deine Lebenskraft. Du entfremdest Dich Deiner wahren Bedeutung und weißt nicht mehr, wofür Du lebst. Leben, Liebe und Freude entstehen nicht durch ein maschinengesteuertes Programm, sondern fließen in Dein Leben ein, wenn Du die erforderlichen Vorbereitungen triffst. Der Verstand als Computer hat kein eigenes Leben, kann Leben und Liebe nicht begreifen. Liebe ist nicht steuerbar. Liebe läßt sich nicht in Programmen berechnen, erfassen und gewinnen. Liebe erwächst in Freiheit, jenseits festgelegter Bahnen und Erwartungen im Verstand. Liebe wird um so größer, je mehr Du davon verschwendest.

Wir schenken der heilenden Kraft der reinen und selbstlosen Liebe zu wenig Beachtung, obwohl sie die Leitfähigkeit für die Lebenskraft am stärksten erhöht. Der Wert einer liebevollen Selbsterlösung durch die Macht der Selbstgespräche stellt sich im Vergleich mit der Praxis der herkömmlichen Psychotherapie schnell heraus. Sage Dir: »Ich bin voller Liebe« und spüre, wie Deine Lebenskraft sich hebt. Hingegen weißt Du zwar am Ende vieler Jahre psychotherapeutischer Behandlung ganz genau, was in Dir nicht in Ordnung ist, daß mit Deiner Programmierung etwas falsch gelaufen ist, doch es hilft Dir nicht, Deine Lebensfreude wiederzufinden. Jedes Wiederkauen vergangener Fehler und Situationen in der Psychoanalyse gräbt mit der energetischen Kraft Deiner Aufmerksamkeit die negativen Aspekte nur noch tiefer ein. Das ›Warum‹ und ›Wie‹ muß nicht in allen Einzelheiten ausgegraben werden. Es ist geradezu verhängnisvoll, wenn die Inhalte Deines Denkens ständig um begangene Fehler kreisen und Du sie Dir immer wieder vorwirfst.

Wenn Du mit dem Programm Deines Radios nicht zufrieden bist, schaltest Du das Radio ab, oder Du stellst einen anderen Sender ein. Würdest Du auf die Idee kommen, mit Schraubenzieher, Zange und sonstigen Instrumenten dem Radio zu Leibe zu rücken und es in alle Bestandteile zu zerlegen? Wahrscheinlich nicht. Aber genau das geschieht in der Mehrzahl der therapeutischen Sitzungen. Niemand kommt dort auf die Idee, Dir zu sagen, daß Du nur auf dem richtigen Kanal auf Empfang schalten und die Verbindung aufrechterhalten mußt. Negative Aspekte verstärken sich nur noch mehr, wenn Du ihnen durch Deine Aufmerksamkeit Energie schenkst. Die erlösende Heilkraft liegt schlicht in der positiven Umwandlung durch Selbstgespräche.

Die Krücken der Gewohnheit

Viele gute Wünsche scheitern am Wall festgefahrener Gewohnheiten. Die beste geistige Vision zur positiven Lebensgestaltung muß erst die Hürde unserer Speicher überwinden. Der verdrießliche Ballast der Vergangenheit hält uns in alten Verhaltensweisen fest. Nur allzu gerne würden wir uns ohne die unnütze Bürde auf unseren Schultern frei und sicher emporschwingen. Wie lauten nur die magischen Worte, um den Fluch abzuwenden, der uns von der natürlichen Befriedigung unserer Wünsche und Vorstellungen abhält?

Keiner von uns ist auf Dauer an ohnmächtigen Hoffnungen und vagem Wunschdenken interessiert. Keiner will ernsthaft sein Leben lang mit negativen Erfahrungen und in negativen Umständen verbringen, die durch das Übernehmen von verkehrten Programmen entstanden sind. Auch falsche Programme unseres Computers werden zur Gewohnheit und gewähren als solche eine scheinbare Sicherheit. Wer sich seiner nicht sicher ist, muß sich versichern, und sei es mit den Krücken der Gewohnheit. Diese Krücken dürfen wir den Lahmen unter uns nicht gewaltsam entreißen, obwohl sie laufen können. Wirkliche Sicherheit erwächst aus der eigenen fortwährenden, positiven Motivation.

Die Ausbildungswege des Lebens sind lang und hart. Der finale Anschein von Abschlußzeugnissen erweckt in uns leicht die trügerische Annahme, die Zeit des Lernens sei mit der Schule beendet. Wir meinen, wir hätten ausgelernt, seien als Person fertig und müßten nicht mehr an uns arbeiten. Doch schon die täglichen Erfordernisse in einer immer schnellebigeren Zeit fordern ein lebenslanges Weiterlernen, denn unser Wissen und unsere Fertigkeiten veralten und verlieren innerhalb weniger Jahre an aktueller Brauchbarkeit. Vor allem aber den Umgang mit uns selbst müssen wir erlernen, die Kontrolle über unsere Speicherplätze, Gewohnheiten, Gedanken und Gefühle.

Der Beginn einer Kontrolle über Deine Programmierung heißt, daß Du bestimmst, wohin die Reise geht, egal auf welchen Wegen. Der kürzeste Weg Deiner Reise ist der Umweg, wie es uns ein chinesisches Sprichwort verheißt. Du bestimmst, wann Du in einer Ruhepause die Gegend genießen und wann Du wieder schneller weiterkommen willst. Die Reise ist ebenso wichtig wie das Ziel.

Bei Deiner Reise sitzt Du gleichsam auf dem Kutschersitz eines Pferdegespanns. Unkontrollierte Gedanken und Gefühle sind wie Zügel, die Dir längst aus den Fingern entglitten sind. Die Pferde gehen mit Dir durch, und Du glaubst in blindem Wahn, ein Gefühl der Lebendigkeit und Selbstbefreiung durch das Peitschen der Pferde zu erlangen. Es ist aber nicht von Bedeutung, wie schnell und wie aufgehetzt Du Dich entlang ausgetrampelter Fährten im Kreis bewegst. Du bleibst in den gespurten Mustern und fixierten Rillen Deiner Gewohnheiten verhaftet, die Dir durch Wiederholung Sicherheit verleihen. Beobachte Deine Art von verinnerlichtem Programm. Beobachte genau, wie Dein tägliches Leben abläuft, wie oft Du unbewußt in Alltagsroutinen verfällst, Gedanken und gefühlsmäßige Reaktionen automatisch ablaufen und von Dir Besitz ergreifen. Oft genügt ein Stichwort, insbesondere bei Streß und in Konfliktsituationen, und ein im Unterbewußtsein verankertes Programm aus Erinnerungen und Mustern läuft in uns ab, das sich in seinen Abläufen immer wiederholt. Wir fallen in ein Programm mit vorgegebenen Gefühlswerten und Gedanken über uns und andere und über unsere Fähigkeit, vorhandene Situationen zu handhaben. Mit den Zauberformeln Deiner Selbstgespräche erlangst

Du jederzeit Kontrolle über Deine Gedanken und Gefühle in jeder Situation und unter allen Umständen. Du lernst, nicht nur die Peitsche, sondern auch die Zügel zu führen. Die Zügel sind Deine Aufmerksamkeit. Und die Kraft, die an den Zügeln zieht und die Pferde dirigiert, kann Dein Wille sein oder besser Deine Vorstellungskraft.

Der Kutscher

Es bleibt verblüffend lang ein Rätsel, wer der Kutscher ist, der die Pferde lenkt. Wer drückt an den Tasten der Programmabläufe unseres Lebens? Wer beobachtet das wechselhafte Spiel des Lebens?

Organverpflanzungen sind seit mehreren Jahrzehnten in der Medizin gebräuchlich. Nicht so gewöhnlich ist die Frage, was mit Dir geschieht, wenn Du eine Niere spendest. Ein kurzer operativer Eingriff entfernt eine Deiner Nieren, um sie einem geeigneten Empfänger einzupflanzen. Würdest Du sagen, Du seist mit Deiner Niere in den fremden Körper übergegangen? Wahrscheinlich nicht, denn Du kannst wie gewohnt in Deinem Körper denken, fühlen und handeln. Was aber geschieht mit Dir, wenn Dein Gehirn in einer hypothetischen Operation in einen anderen Körper transplantiert würde? Würdest Du mitverpflanzt und in einem anderen Körper weiterleben? Bist Du am Ende ein Gehirn und nichts weiter sonst? Mit welchen der beiden unterschiedlichen Sätze fühlst Du Dich wohler:

Ich bin ein Gehirn
Ich habe ein Gehirn

Wenn Du sagst, Du bist ein Gehirn, so erklärst Du Dich als biologisches Erzeugnis aus der Ursuppe von Molekülen, die durch zufällige Mutation eine Überlebensmaschine formten. Diese Deutung allerdings ist statistisch so wahrscheinlich, wie Dir Flügel wachsen können. Noch kann kein Wissenschaftler die offensichtlichen Widersprüche der Evolutionstheorie überzeugend entkräften. Leben ist eben nicht nur Chemie oder keimende Materie.

Wenn Du andererseits ein Gehirn hast, wer bist dann Du? Selbsterkenntnis führt uns weit über das körperhafte Geschehen hinaus. Du bist als Beobachter nicht eins mit dem Gegenstand Deiner Beobachtung. Du hast einen Körper, der Durst, Hunger und Schmerz verspüren kann, aber Du bist nicht Körper. Du kannst Deine Gefühle beobachten und Gefühle empfinden, daher bist Du nicht wirklich Deine Gefühle. Du kannst beobachten, wie Gedanken innerlich an Dir vorbeiziehen, weil Du auch nicht Deine Gedanken bist. Du bist! Du bist nicht das, womit Du Dich selbstvergessen identifizierst. Du bestrafst Dich nur selbst mit falschen Bildern und Gesprächen. Der freie Lauf Deiner überwiegend negativ programmierten Gedanken und Gefühle verwickelt Dich in bindende Bedingungen und Umstände in Raum und Zeit. Franz von Assisi wußte eine Antwort auf die Frage nach dem eigentlichen Ich: »Das, wonach wir suchen, ist das, was sucht.«

5

Die
Kraft
des
Unter-
bewußtseins

Verhalten

Der Mensch ist zu intelligentem Verhalten fähig. Anders als Tiere, deren Verhalten überwiegend von Instinkten, Schlüsselreizen und Hormonen bestimmt wird, können wir unsere genetischen Triebe und biologischen Instinkte durch Lernprozesse und unseren freien Willen steuern. Der Soziologe Maslow hat das ›Es‹ der biologischen Lebensimpulse als Grundbedürfnis in eine Bedürfnispyramide eingeordnet. Wir verlangen nach Essen und Schlaf, nach Sicherheit, sozialer Wertschätzung und streben nach Selbstverwirklichung.

Für die meisten Tiere ist das Leben zu kurz, um Zeit zu haben, komplexe Verhaltensweisen von Grund auf einzutrainieren. Eine Spinne kann nicht Monate damit verbringen, ihr Netz knüpfen zu lernen. Der Trieb zu fliegen und die Flugfertigkeit ist bei unbeholfenen Küken längst vorhanden, noch bevor die Flügel- und Flugmuskulatur voll entwikkelt sind. Auch der Schwänzeltanz der Bienen ist eine solche spezifische Verhaltensweise, die zum Nutzen der Arterhaltung angeboren und nicht angelernt ist. Eine Veränderung der Schlüsselreize führt zu einer Änderung des Verhaltens, selbst wenn sinnlose Verhaltensweisen daraus resultieren.

Wir werden geboren, um zu lernen. Der Mensch kommt ›zu früh‹ auf die Welt. Er ist als Säugling mehrere Jahre lang nicht überlebensfähig und von der Pflege und Fürsorge der Eltern abhängig. Wir lernen in diesen Jahren, Fehler zu vermeiden und uns auf intelligente und erfolgreiche Weise den Schlüsselreizen und dem steigenden Druck der Umwelt anzupassen. Wir lernen, unser Verhalten, das

zunächst unmittelbar von der Art und Weise beeinflußt wird, wie die Umwelt auf uns reagiert, optimal
auszurichten. Wenn wir uns richtig verhalten, stellen sich richtige Ergebnisse ein. Jedenfalls mit höherer Wahrscheinlichkeit, als wenn wir uns fehlerhaft
und feindlich verhalten.

Wie Du mit Dir umgehst, was Du in jedem Moment denkst, fühlst, sagst, wie Du auf Deine Weise
reagierst und handelst, bestimmt den Verlauf Deines Lebens. Warum also verhältst Du Dich nicht
immer optimal, um die besten Erfolge zu erzielen?
Was in Dir veranlaßt Dich, Dich manchmal nicht so
zu verhalten, wie Du es gerne möchtest, und andere
Male so, wie Du es eigentlich nicht willst? Was hält
Dich in festgelegten Mustern? Du weißt, es ist das
Falsche, und dennoch kannst und willst Du bestimmte Gewohnheiten nicht aufgeben, selbst wenn
sie sich als gesundheitsschädlich und unvorteilhaft
für Dich und andere erweisen. Was Dich wider besseres Wissen oder Eingebung, entgegen Deiner Absicht zu dem Dir eigentümlichen Verhalten treibt,
sind Deine Gefühle.

Gefühle

Gefühle sind die Brücke zwischen den Gedanken
und dem Körper. Ohne die Kraft der Gefühle könnten viele Einfälle, Pläne und Vorhaben weder eine
positive noch eine negative Verwirklichung finden.
Das Reich der Gefühle erstreckt sich von Verzweiflung, Furcht, Schrecken, über neugieriges Interesse
hin zu Freude und begeistertem Enthusiasmus. Es
ist physiologisch eng mit der Tätigkeit des vegetati-
ven Nervensystems verknüpft, der Änderung der

Puls- und Atemfrequenz und dem Volumen einzelner Organe. Eine unglaubliche Verwirrung entsteht durch die Vermengung von Gefühlen und Emotionen mit den Begriffen Gemüt (gleichbedeutend mit Wach- und Unterbewußtsein), Psyche (dito), Empfindung (das ist die Wahrnehmungsfähigkeit), Seele (weit mehr als Gefühle, das eigentliche, höhere Selbst, das transpersonale Ich) und Bewußtsein (das ist der Umfang des eigenen Horizonts).

Gefühle beeinflussen unser Verhalten. Unerfüllte Sehnsüchte bilden ein Kraftfeld aus angestauten Emotionen. Sie trüben unsere an das Erleben von Lust oder Unlust gebundene Motivation, unsere Wahrnehmungsfähigkeit und unser Urteilsvermögen. Bereits die durch das Wort Liebe ausgesprochene Erwartung von Liebe vermag unglaubliche Reserven zu aktivieren. Das Versprechen einer rosaroten Wolke garantiert allzumal eine Schar vorwiegend emotional verstümmelter Kunden. Wie wir etwas fühlen, bestimmt, ob, was und wie wir handeln. Scheinbar grundlos und irrational befürworten oder lehnen wir etwas gefühlsmäßig ab. Wir fühlen, empfinden und hoffen, ohne eigentlich zu wissen warum. Deine Gefühle kommen aber nicht von ungefähr.

Sie sind in natürlicher Reihenfolge Ergebnis Deiner inneren Einstellungen.

Einstellungen

Unsere Einstellungen sind die nächste Stufe im Bauplan unseres Lebens. Deine Einstellungen bestimmen, wie Du fühlst. Wenn Du Dir sagst, »Ich sehe keinen Ausweg«, verschließt Du mit dieser Einstellung sämtliche Lösungswege, die in der Dualität des Lebens immer bestehen. Die Frage kann ebensowenig ohne die Antwort existieren wie der Berg ohne das Tal. Zu jedem auch noch so verfahrenen Problem gibt es naturgemäß mindestens eine, wenn nicht mehrere Lösungen, je nachdem, mit welcher Einstellung Du das Problem betrachtest. Deine Einstellungen legen fest, ob Du Dich im täglichen Leben auf der sonnigen Seite des Lebens bewegst und erfolgreich bist oder nicht.

Es kommt immer darauf an, wie Du die Segel setzt, und nicht, wie der Wind bläst. Mit einer düsteren, sonnenlosen Einstellung beginnst Du erst gar nicht, die Segel aufzuziehen, denn Du zweifelst mutlos an Deinen Möglichkeiten, die Du mit der richtigen Einstellung vor Dir siehst und auch ergreifst. Positive Gefühle der Begeisterung, der heiteren Gelassenheit und frohen Zuversicht entstehen aus der richtigen Einstellung dem Leben gegenüber und unterstützen Dich, aus Deinem Leben das Beste zu machen.

Gestalte Dein Leben zu Deinem Lebenswerk. Deine Aufgaben müssen nicht in eintönigen Routinen und unnützer und aussichtsloser Sisyphosarbeit ersticken. Die Haaresbreite, die Dich weiterhin zum Opfer von Umständen und Personen eingrenzt, das alle Lebensfreude verloren hat, oder Dich in Deinen Lebensumständen Sinn, Spaß und Freude finden läßt, ist Deine Einstellung. Jedes Hindernis, jedes Muß kannst Du mit der richtigen Einstellung zu Deinem Vorteil verwenden. Stelle Dir das herrliche, unbezahlbare Gefühl vor, zu allen Deinen Handlungen innerlich ›ja‹ zu sagen, weil Du mit der rechten

Einstellung mit allem, privat und beruflich, einverstanden bist, ohne scheinheilig zu sein. Du kannst es Dir erlauben, Dir im Spiegel direkt in die Augen zu blicken, ohne rot zu werden.

Was immer geschieht, steht in Übereinstimmung mit Dir, denn Du bist die Ursache für alles, was in Deinem Leben geschieht. Du hast es zugelassen und gewollt. Wie oft hören wir, daß wir nur unsere Einstellung ändern müssen, um aus einer armseligen Hütte einen prachtvollen Palast entstehen zu lassen. Das ist nicht immer einfach, denn unsere Einstellungen ergeben sich aus den Meinungen und Werten, die wir in uns hegen.

Meinungen und Werte

»Nichts kann mehr zu einer Seele Freiheit beytragen, als wenn sie gar keine Meynung hat«, schrieb der Philosoph und Lehrer Georg Christoph Lichtenberg. Jede Wertvorstellung oder Meinung, welcher Art auch immer, wird zur realitätsbestimmenden Richtschnur für unser Verhalten. Aber unsere Meinungen müssen nicht wahr sein. Nur wenn wir alle Vorurteile, Vermutungen und Meinungen beiseite lassen, können wir das Leben so erfassen, wie es wirklich ist. Das Spektrum des Lebens umfaßt einen Kreis aus 360 Winkelgraden. Unsere Aufmerksamkeit verleiht einem beliebigen Winkelausschnitt besondere Bedeutung und Wertschätzung. Warum meinen wir, daß gerade unser Blickwinkel oder Standpunkt, unsere Anschauung oder Meinung besonders überragend, wichtig, richtig und verläßlich sei? Ohne zu bedenken, daß das Gegenteil ebenso wahr sein muß. Die andere, entgegengesetzte Seite hat unweigerlich ebenso ihre Berechtigung. Keine Seite der Münze kann ohne die Kehrseite bestehen. Jedwelche Unterscheidung, welcher Kreisausschnitt besser und sinnvoller sei als irgendein anderer, fördert als bloße gekünstelte Verstandesakrobatik ein Schubladendenken ohne Bezug zur Einfachheit des Lebens.

Vorurteile engen unsere Perspektive ein. Sie überdecken die eigene Unfähigkeit und stellen uns auf ein selbstgefälliges Podest, das aus demselben Stoff besteht, aus dem die Dummheit ist. Denn mit unseren Meinungen messen wir einem beliebigen Standpunkt einen Wert bei, der innerhalb einer bestimmten Epoche und Kultur, einem Land und einer Gesellschaft eine immer nur vorübergehende Geltung besitzt. Wir legen uns mit jeder Unterscheidung oder Meinung innerhalb der Grenzen desjenigen Ausschnittes fest, auf den wir uns fixieren. Damit grenzen wir uns zum Schaden unseres Überlebens aus der Vielzahl der Möglichkeiten aus, die das Leben bietet. Immanuel Kant erkannte schon lange vor Einstein, daß auch Raum und Zeit keine objektive Tatsache darstellen, sondern reine Anschauungssache sind und nur in unserer Vorstellung und Erwartung bestehen.

Was Du Dir in Deinen Selbstgesprächen vorstellst, wird für Dich wahr. Aus den hundert großen und kleinen Ansichten über das Leben und über Dich schaffst Du Dir Deine Lebenseinstellung. Viele dieser Ansichten mögen im Moment zutreffen, ob sie nun wirklich stimmen oder nicht. Das muß aber nicht immer so bleiben. Wie primitive Stammesangehörige sind wir an die irrationalen Tabus unserer

Meinungen, Ansichten und Vorurteile gebunden. Sie erwachsen nicht aus dem Nichts. Sie sind die Folge unserer Programme.

Programme

Das Sprungbrett für Deine Lebensumstände ist vorprogrammiert. Es vermag Dich in die Weite des Lebens zu heben oder an selbstgesteckte Grenzen zu werfen. Nichts kann Dir geschehen und in Dein Leben treten, wenn Du es nicht erlaubst. Du bist mit einem reichen Überflußprogramm oder einem kümmerlichen Mangelprogramm die Ursache für das, was in Deinem Leben geschieht. Du hast es verursacht, weil Du es geprägt, beeinflußt, gewollt, gefühlt und zugelassen hast.

Das Programm in uns ist der Anbeginn einer Kettenreaktion, die sich über Meinungen, Einstellungen, Gefühle und über das Verhalten in Lebensumständen festzementiert. Unsere gelegentlich nur widerwillig anerzogenen Programme sind die Gußform für unsere Energien und Lebensdynamiken. Sie verfestigen sich während der Erziehung in einer Mauer aus dauerhaften Rillen und Konditionierungen. Verbotsgelenkt sollen wir unsere eigenen Wünsche und Ziele der Konformität anpassen. So wie vorgeblich alle anderen, übernehmen wir die vorbereiteten Programme unserer Erzieher. Die Programme und Konditionierungen erkennen wir meist nicht, weil sie wie der atmosphärische Druck von überall her auf uns einwirken. Wir erklären uns schließlich mit dieser inneren Mauer aus Verboten und Geboten einverstanden.

Diese Programme teilen uns einen Spielraum zwischen den jeweils geltenden Regeln von gut und böse zu. Sie sind durchwegs vergleichbar mit einem Computer-Schachprogramm, das, aufbauend auf umfangreichen Kenntnissen, Strategien und Techniken, niemals im einzelnen alle denkbaren Schachzüge enthält. Die Zahl der möglichen Spielabläufe übersteigt bei weitem jede Speicherkapazität. Wir denken, glauben, meinen, hoffen, fühlen und handeln so, wie es der Handlungsspielraum unserer Programme zuläßt. Bestätigung und Ablehnung sind die Maschinerie, die uns auf die vorgelegten Gleise erwarteten Verhaltens setzen und unsere eigenen Wünsche mehr und mehr in den Hintergrund des Unterbewußtseins abdrängen. Mit den Konditionierungssignalen von Zuckerbrot und Peitsche übernehmen wir die Erwartungen unserer Erzieher in Elternhaus, Schule und Werbung. Sie sammeln sich im Gewissen an, das uns als Sprachrohr immer ermahnt, im Einklang mit den vorherrschenden Sitten und Gebräuchen zu leben. Es kann mit der inneren Stimme, die uns immer hilft, jenseits aller Programme den richtigen Weg zu wählen, übereinstimmen oder auch nicht. Der Traumpsychologe C. G. Jung nannte diese Mauer auch den Zensor, der die abgedrängten Wünsche nicht mehr vordergründig in das Wachbewußtsein treten läßt. Die Energie unserer Wünsche wird durch die uns anerzogenen Programme in, wie es in der Psychologie heißt, erwünschtes Verhalten sublimiert, substituiert, verlagert und verdrängt.

Automatisch und meist unbewußt übernehmen unsere Gedanken, Meinungen, Einstellungen, Gefühle und Handlungen beim Durchlauf eines Programms die entsprechende Paßform. Ein Mangel-programm führt zu Mangel, Begrenztheit, Schwierigkeiten, Problemen, Schwäche, Armut und so fort. Doch die scheinbare Realität verfahrener Lebensumstände ist nicht so dauerhaft und endgültig, wie es scheinen mag. Tief in uns verfügen wir über enorme Schöpfungskräfte, mit welchen wir unsere Lebensrealität immer wieder neu festsetzen können. Das geschieht am wirkungsvollsten an der ersten Stufe, auf der wir wirklich Ursache sein können. Wir ändern das Programm unseres Computers. Wir reprogrammieren uns durch Selbstgespräche, aber richtig.

Der Gärtner

Das Unterbewußtsein nimmt Dich beim Wort. Es saugt alle Botschaften begierig auf, die Du ihm mitteilst. Alle Botschaften und Anweisungen fügt es in das Betriebssystem Deines Computers ein. Fortwährende Wiederholungen prägen nachhaltig den Inhalt Deiner Speicher, die als Grundlage für Dein Denken, Fühlen und Handeln wirken. Jeder Satz, den Du unüberlegt oder bedacht, laut oder leise aussprichst, äußert sich in unabwendbarem Schicksal.

Das Unterbewußtsein als Speicher ist neutral. Es verstärkt, was Du Dir sagst und sagen läßt. Versuchspersonen in Hypnose führen uns vor Augen, wie sogar unsinnigste Botschaften vom Betriebssystem des Unterbewußtseins ernst genommen werden und zur unmittelbaren Erfüllung kommen. Das Unterbewußtsein nimmt vergleichsweise neun Stockwerke in einem zehnstöckigen Gebäude ein. Dort laufen die Programme ab, die alle unsere körperlichen Funktionen wie Herzschlag, Atmung und Verdauung steuern, Tätigkeiten wie Essen, Fortbewegen und Schlafen, und das Aufnehmen und Verarbeiten von Informationen. Es dirigiert stufenweise, wie wir denken, fühlen und handeln. Die oberste Etage ist das Wachbewußtsein. Mit der Fähigkeit, bewußt zu denken, darf das Wachbewußtsein in die vielschichtigen Programmabläufe Einblick nehmen. Darüber hinaus steht ihm mit dem freien Willen das Vetorecht zu, gegen einzelne Phasen der Betriebssysteme und Wunschenergien Einspruch zu erheben. Aus diesem Vergleich wird verständlich, warum das Unterbewußtsein eine solche Rolle in unserem Leben spielt und warum es gar nichts nützt, die Wünsche im Unterbewußtsein zu verneinen oder verdrängen zu wollen. Sie kommen dann nur um so stärker und immer deutlicher an die Oberfläche.

Angenommen, Du redest Dir ein, Du seist ein Versager oder wegen Deiner unwürdigen Wünsche nicht viel wert, und Dir das genügend oft vorsagst, so geschieht etwas sehr Mechanisches, aber keinesfalls etwas, was sehr mystisch oder schwer verständlich wäre. Du prägst Dir über die Erinnerungsspeicher in Dein Unterbewußtsein die Botschaft Versager ein. Als Folge davon unternimmt Dein Unterbewußtsein alles, was in seiner Macht steht, um Dich in einer konkreten Situation zu dem werden zu lassen, was Du ihm durch Deine Anweisungen beibringst. Dein Unterbewußtsein flößt Dir die Gedanken und Gefühle des Versagens ein, ob sie Deinen wahren Fähigkeiten entsprechen oder nicht: »Ich kann nicht«, »Ich bin ein Versager«, »Ich schaffe es nie«. Du gibst auf, weil in Dir das Gefühl der Unzulänglichkeit aufkommt. Selbst wenn Du es nicht willst und jetzt in dieser Situation auch nicht gebrauchen kannst, bist Du zur Wirkung Deiner falschen Worte geworden. Deine Selbstgespräche rufen eine ihrem Wesen entsprechende identische Reaktion Deines Unterbewußtseins hervor.

Das Unterbewußtsein ist bestrebt, Deine Vorstellungen und Programme in die Wirklichkeit umzusetzen. Unser Unterbewußtsein ist Tag und Nacht, immer, auch jetzt, damit beschäftigt, die Anordnungen auszuführen und Dich zu dem zu machen, was Du durch Deine Selbstgespräche selbst festlegst und veranlaßt. Kannst Du verstehen, was geschieht, wenn Du zu Dir sagst: »Ich sehe keinen Ausweg mehr«? Oder zu Deinem Partner: »Ich kann Dich nicht mehr sehen«? Du wirst zu dem, worauf Du Deine innere Aufmerksamkeit richtest. Deine Vision, genährt von Deinen Gefühlen, objektiviert sich in Raumzeit. Im obigen Beispiel könnten über kurz oder lang sogar Sehstörungen die zwangsläufige Folge sein. Wir müssen lernen, unsere inneren Programmabläufe sauber handzuhaben, so wie wir uns gewohnheitsmäßig auch äußerlich pflegen.

Lieder und Schlager tarnen eine besondere Art der Selbstgespräche. Du wiederholst die Botschaften der Lieder, auf die Du Dich durch das Mitsingen des Textes einstimmst. Auch wenn der Text in einer Fremdsprache abgefaßt ist und Du nur Teile davon übersetzen kannst, sprichst Du Dir die enthaltene Botschaft vor. Sie verstärkt sich auf außergewöhnliche Art, weil Du sie durch das Mitsingen mit hohen Gewühlswerten verbindest. Damit nimmt sie Dein Unterbewußtsein um so intensiver auf. Wie meinst Du, reagiert Dein Computer auf die Botschaft: »I can get no satisfaction«?

Wunderbare Möglichkeiten stehen Dir offen, wenn Du bereit bist. Pflanze vertrauensvoll Deine Vorstellungen und Träume tief in den Garten Deines Horizonts ein. Hege Dein Unterbewußtsein wie ein Beet mit kostbaren Samen. Jäte das Unkraut aus dem Garten Deines Unterbewußtseins. Entferne die Schatten aus Deinem Denken, so wie ein Gärtner unerwünschte Sprosse aus der Rosenhecke heraus kappt. Sei Dir Dein eigener Gärtner, der die Knospen der Vorstellung sorgsam mit der Aufmerksamkeit konstruktiver Gedanken nährt. Strahle wie ein segensreiches Leuchtfeuer Reinheit und Heilkraft auf alles ab, was sich in Deiner Umgebung befindet. Dein Lebenslicht ist wie ein Leuchtturm, der ähnliche Lichter anzuziehen vermag.

Die Posaunen von Jericho

Der Zutritt zu Deiner Computeranlage ermöglicht die Kontrolle über die Quelle Deiner unbegrenzten Macht. Erlaube daher niemandem, Deinen Verstand zu kontrollieren, Dir fremde Programme einzusetzen, Gehirnwäsche durchzuführen oder Dich in Hypnose zu versetzen. Die Forschungsergebnisse von Pawlow an seinen Versuchshunden hat vor allem Josef Stalin verwendet, um seine politischen Gegner zu brechen. Pawlow hatte im Tierversuch festgestellt, daß konditionierte Verhaltensmuster wechseln, wenn das Gehirn einer Überreizung oder exzessiven Stimulation ausgesetzt ist. Eine exzessive Stimulation tritt ein, wenn die Konditionierungssignale oder Lernimpulse zu stark, zeitlich zu verzögert, abwechselnd mal positiv, mal negativ und unter Streß erfolgen, herbeigeführt durch körperliche Entkräftung und nervliche Anspannung. Jede Fremdbotschaft muß über die Tastatur Deines Computers eingetippt werden. Dies kannst Du verhindern, indem Du die Zustimmung verweigerst und die Dateneingabe unmöglich machst. Das geschieht am besten ohne Kraftaufwand, denn jeder Widerstand bricht einmal, und sei es an den Widersprüchen, in die Du Dich unweigerlich verwickelst. Verlagere zu Deinem Schutz die Aufmerksamkeit durch Selbstgespräche. Reagiere in einem solchen Fall nicht, vor allem nicht mit Emotionen; kooperiere nicht; behandle Konditionierungssignale mit Humor, und nimm sie nicht sehr ernst; verweile bewußt im Hier und Jetzt des jeweiligen Moments. In diesem Moment des Jetzt können wir auch über die Konditionierungen der Vergangenheit hinauswachsen. Wir können uns als wahres Selbst hinter der Computerbank verspüren und uns dem Hauch der Lebenskraft öffnen. Die schwingende Lebenskraft des allumfassenden Bewußtseins, die kosmische Energie, der göttliche Atem oder die Stimme der Stille vermag durch uns zu wirken. Mächtiger als die Posaunen von Jericho können wir im Hier und Jetzt sämtliche Mauern zerschmettern und über die selbstgesteckten Schatten hinauswachsen.

Kritische Selbstverfügung ist ohne Einsicht, Aufklärung und Befreiung von alten Mustern nicht durchführbar. Sie beginnt mit der angemessenen Handhabung des persönlichen Computers. Du kannst in diesem Zustand festlegen, von welcher Ebene der geistigen Bewußtheit aus Du künftig Dein unendliches Potential einsetzen willst. Die Mauer zerbirst unter der Kraft, die Du mit den richtigen Selbstgesprächen freisetzt.

6

Das
Überschreiten
der
Mauer

Der befreiende Moment

Jeder Moment gleicht einem Samen. Eine nur wenige Gramm wiegende Eichel wächst zu einem ton-
nenschweren Baum heran. Sie enthält als Same alle
Voraussetzungen, um zu einer ausgewachsenen
Eiche heranzureifen. Alles, was der Baum je sein
kann, ist bereits im Samen enthalten. Alles ent-
springt dem Moment.

Jeder Moment trägt allen Raum und alle Zeit in
sich. Wenn Du die Bedeutung des Moments erfaßt, schrumpfen geheimnisvolle Rituale, Talis-
mane, Reliquien und Amulette zu bedeutungsloser
Nichtigkeit in Anbetracht Deiner gottesähnlichen
Kräfte.

Im Hier und Jetzt des Moments kannst Du frei
sein. Wenn Du Dich über die irreführende Vorstellung erheben kannst, daß Raum und Zeit eine tat-
sächliche Bedeutung haben, steht Dir die befreiende
Einfachheit des Moments offen.

Raum und Zeit sind eine Hilfskonstruktion des
Verstandes, unserer Computeranlage, um die Vielzahl von Informationen und Programmen in einem
räumlich und zeitlich schwebenden Hologramm zu
ordnen.

Diese Erscheinung ist für uns nur so lange tatsächlich existent, wie wir uns davon begrenzen
lassen. Tibetanische Mönche sind bekannt für das
Chanten heiliger Silben oder Mantren, um sich von
irreführenden geistigen Vorstellungen und Programmen zu befreien. Die Technik des Rezitierens oder
Chantens solcher Mantren wie AUM oder HU wird
heute an vielen Orten der Welt gelehrt und auch
praktiziert.

Die Macht des Wortes

Richtige Selbstgespräche begründen den allmählichen Übergang vom Selbstbild zum Wunschbild. Die Gesichtszüge glücklich verheirateter Ehepaare beginnen sich im Lauf der Jahre einander anzugleichen. Dies liegt nicht daran, wie amerikanische Psychologen kürzlich vermuteten, daß diese Paare dazu neigen, den Gesichtsausdruck des Partners nachzuahmen. Sie finden vielmehr zu einem gemeinsamen Selbstgespräch, in das sie innerlich mehr und mehr einstimmen. Die Gesichtszüge im Alter dokumentieren die Macht der lebenslang geführten Selbstgespräche. Worte des Hasses, des Ärgers, der Mißgunst hinterlassen ebenso eigenwüchsige Spuren wie Worte der Freude, der Gelassenheit und des freundlichen Zuspruchs.

Die meisten Worte richten wir an uns selbst. Sie sind Nachrichten für uns, die machtvolle Suggestionen künden. Unser Unterbewußtsein sieht keinen Grund, den eigenen Worten zu mißtrauen, mit welchen wir unser Selbst- und Weltbild errichten. Mit den von uns gewählten Worten erleben wir den Alltag als einen von Selbstwertkrisen geschüttelten Alptraum oder als verheißungsvolle Bewährungsprobe. Der Unterschied zwischen auf uns einwirkenden Bedingungen und subjektiv real gewordenen Lebensumständen ist häufiger als wir vermuten nicht mehr als eine Haaresbreite stiller und gesprochener Worte. Worte regen die bildhafte Vorstellungskraft an und gestalten unser subjektives Erleben zur für uns real faßbaren Welt. Unsere Betriebssysteme, Meinungen und Einstellungen lösen eine Fülle von Bildern in uns aus, in welche unsere Gefühle einfließen. Letztendlich prägen wir mit unseren Selbstgesprächen das Aussehen unseres Körpers, unserer Handlungsweisen und unseres Universums.

»Die Menschheit wird von ihrer Vorstellungskraft beherrscht«, lautet ein bekannter Leitspruch Napoleons. Die Herrschaft über die Vorstellungskraft sichert die Kontrolle über sich und andere. Tyrannen, Diktatoren und unterdrückerische Machthaber wenden dieses Wissen an. Der wichtigste Einfluß auf die Vorstellungskraft entsteht aus dem Zwillingspaar von Angst und Schuld. Falschen Gehorsam erzwingt der, der, beginnend mit Worten, Angst und Schuld verbreitet. Mit dem Verständnis dieses Prinzips können wir nun auch den Schein unserer Mauer neutralisieren. Anstelle von Furcht und Angst arbeiten wir, liebevoll bemüht, mit neu gestalteten Selbstgesprächen.

Die suggestive Überzeugungskraft von Selbstgesprächen hilft uns wirklich. Wir überwinden mit unseren Worten die festgefahrenen Rillen und Automatismen in unserem Verstand. Weise gedacht, gesprochen oder ausgeschrieben, hinterlassen sie Eindrücke auf unserer Speicherdatei, die mit der eingehauchten Kraft der Liebe sämtliche Verhärtungen von innen her aufweichen. Die Auswirkungen von Selbstsuggestionen können wir leicht bei Schauspielern verfolgen. Glänzend und überzeugend wirkt der Schauspieler, der es versteht, sich über das technische Können hinaus in die ihm zugewiesene Rolle hineinzuversetzen. Er spielt die Rolle nicht bloß rein mechanisch ab, sondern er läßt sich so von ihr ergreifen, daß er sie zu sein glaubt.

Ein Bergsteiger auf einer schwierigen Route berät sich in seinen Selbstgesprächen besser, wenn er sich auf seinen Erfolg, das Erreichen des Gipfels, ausrichtet, als sich in lebensgefährlichen Selbstzweifeln den Absturz einzureden. Ein Skifahrer, der die Technik des Tiefschneefahrens zwar schon kennt, noch nie aber unter Beweis gestellt hat, stößt an die Grenzen seines bisherigen Könnens, wenn er zum ersten Mal vor einem verschneiten, ungespurten Steilhang steht.

Seine innere Wortwahl bestimmt, wie er die Herausforderung meistert. Seine Begeisterung muß nicht selbstzweiflerischen Worten weichen. Ein innerer Befehl setzt den hemmenden Vorstellungen über gefährliche Stürze ein Ende. Schwungvolle Freude vertieft den Genuß des Erlebens.

Imagination versus Wille

Kannst Du über Deinen Schatten springen? Körperlich gesehen, unwiderlegbar nicht. Erfolg läßt sich nicht erzwingen, wenn die Voraussetzungen nicht ausreichen. Eiserner Wille allein vermag fehlende Fähigkeiten nicht zu ersetzen. Wissen und Wille stehen oft für Macht, und doch ist es der Glaube, der Berge versetzt. Der Wille, verhärtete Muster und verselbständigte Programme ändern zu wollen, kann niemals besser als die unbeschwerte Kraft der Vorstellung sein.

Ein Basketballspieler beispielsweise kann die Trefferquote seiner Körbe durch bildhafte Imagination mindestens gleichwertig, wenn nicht mehr erhöhen als durch wochenlanges Üben. Plangemäß führt das geistige Bild unfehlbarer Würfe zum treffsicheren Erfolg.

Die Willenskraft entpuppt sich schnell als unheilvolle Geißel. Der Schweiß aus Entsagung, Anpassung, Zwang und Askese ist der Preis für den Versuch, sich mit der Kraft des Willens durchzusetzen. Wille hat immer etwas mit Anstrengung zu tun. Der Versuch, das gewollte Ziel zu erreichen, fordert zehrenden Kraftaufwand und große Selbstbeherrschung über das stets schwache Fleisch. Solange Du mit Willenskraft auf Dein Ziel hinarbeitest, begreifst Du Dich als noch vom Ziel getrennt. Du verharrst in alten Gleisen ohne irgendeine Aussicht auf Erfolg.

Dagegen ruht in der Imagination die Kraft der Erfüllung. Sinngemäß lautete Einsteins Maxime: »Imagination ist wichtiger als Wissen.« Tatsachen sind nichts weiter als verhärtete Bilder und Programme. Wir erlauben dem Verstand, nur auf Tatsachen zu reagieren, und verschließen uns damit der Möglichkeit, über die Ebene der Tatsachen hinaus auf die Ursachen zu blicken. Der Überblick auf die Gesamtsituation der Spielbühne des Lebens ist nur von dem Gipfel aus möglich, den wir in unserer Imagination erklimmen können. Die Imagination ermöglicht es uns, uns mit vielem zu identifizieren. Wir können den Rahmen unseres bisherigen Lebens mit Hilfe unserer imaginativen Vorstellungskraft einengen oder ausdehnen und sprengen. Wir steuern die Erweiterung unseres Horizonts mit unseren Selbstgesprächen in dem Ausmaß, wie wir uns in der neugewonnenen Freiheit wohlfühlen.

Fliegen kann, wer Flügel hat. Auch wenn Du alles Wissenswerte über Vögel lernst, den Pilotenschein erwirbst und die Technik des Fliegens mit Flugkörpern nachvollziehst und beim Drachenfliegen dem Gefühl recht nahekommst, weißt Du dennoch nicht, was Fliegen heißt. Erst wenn Du wie ein Vogel fliegst, weißt Du, was Fliegen tatsächlich bedeutet. Du kannst in langen Studienjahren die Physik und die Chemie des Wassers lernen und erforschen, das Wasser schmecken, riechen und berühren, ohne jedoch zu wissen, was Wasser eigentlich ist. Um zu erfassen, was Wasser ist, mußt Du hineinspringen und eins mit ihm werden. Genauso verhält es sich mit Deinem Leben.

Zielgerichtete Imagination macht Dir das Leben leichter. Mit spielerischer Entdeckungsfreude und Humor beginnst Du, Vertrauen in Dein eigenes Vermögen zu entwickeln. Die Vorstellungskraft hilft Dir, verschiedene Tricks und Lösungsmöglichkeiten zu entdecken, die sich erst in losgelöster Entspannung ergeben. Du mußt Dir dazu innerlich fortwährend vorstellen, das Ziel erreicht zu haben. Gestalte rückblickend ›vom Ende aus‹ Dein jetziges Vorgehen, denn es kann sein, daß Du mit körperlichen Kräften zu schwach und unfähig bist. In der Imagination kannst Du das Privileg genießen, zu handeln, ›als ob‹. Du bewegst Dich dabei mit Selbstgesprächen in Deiner inneren Vorstellung in das Ziel Deiner Wünsche hinein, bevor Dein Körper äußerlich nachfolgen muß. Nicht als Flucht vor realen Bedingungen, sondern als Vorwegnahme realer Möglichkeiten mußt Du Dir vorstellen und in allen Einzelheiten erklären, wie Du eine schwierige Situation mühelos meisterst. Du schaffst Dir durch klar definierte Bilder, die Du setzt und durch liebevolle Selbstgespräche aufrechthältst, die neuen Pfade, auf welchen Du Dich in Deinem Leben künftig fortbewegst.

Hingabe an das Leben

Das Leben ist ein unersetzlicher Lehrmeister. Hindupilger tauchen auf ihrer Suche nach Erlösung in den heiligen Fluß Ganges ein, der ihnen, wie sie glauben, ungeachtet der äußeren Verschmutzung das Seelenheil für ein besseres Leben bringt. Das heilsame Wasser des Lebens ist jedoch kein materieller Strom, sondern der kosmische Quell, der alles belebt, was er durchströmt. Er führt zum Ursprung allen Seins, wenn Du als Eingeweihter seinem Rauschen lauschst und das Leuchten der Reinheit in Dir aufnimmst. Ausgereifte Selbstgespräche öffnen Dich diesem Lebensstrom, den Du mit Deinem inneren Auge sehen und mit Deinem inneren Ohr hören kannst. Vereint mit diesem reinen Gral des Lebens tränkst Du die Gedanken Deines Herzens und die Worte Deines Mundes mit dem Geist, der seit Menschengedenken durch Propheten und Erlöser spricht. Statt zu Gold wie bei König Midas in der griechischen Sagenkunde wird alles, was Du berührst, erfüllt mit der Freude und dem heilenden Segen Deiner Worte und Gesten.

Wir alle wollen zum Ursprung des Lebens. Mußt Du also gegen den Strom schwimmen, wenn Du zur Quelle gelangen willst? Ein findiger Spruch, der zur vorschnellen Zustimmung reizt. Doch ehe wir uns versehen, überwältigen uns die Wogen, gegen die wir anzukämpfen suchten. Rücksichtsloses Ellenbogendenken oder kurzsichtige Quertreiberei bringen uns nicht weit voran. Auch die Beschäftigung mit der Vergangenheit gibt uns keinen rechten Aufschluß über den Ursprung allen Seins. So wie Du, der Du dieses Buch liest, nicht mehr der gleiche bist, der die vorhergehende Seite las, so bleibt kein Fluß der gleiche, noch liegt die Erklärung des Ursprungs in der Vergangenheit. Alles ist in ständigem Wandel. Laß Dich tragen von der Bewegung der Wellen, voran zum Ozean des Lebens. Eine alte Zen-Weisheit beschreibt diese Reise in einer kurzen Poesie:

»Sorgenfrei segelt ein Blatt
auf den Wellen,
das Geheimnis gefunden –
es folgt dem Strom.«

Die Mühelosigkeit des Treibens auf dem Urstrom ist kein Müßiggang. Schwimme mit Deinen neugelernten Selbstgesprächen, aber ohne Anstrengung. Oder, wie es im Taoismus heißt: ›wei wu wei‹. Du kannst lernen zu handeln, ohne zu handeln. Das Leben läßt Dich nicht untergehen, denn Du bist ein Teil des Lebensstroms. Dein Herz schlägt. Die Lebenskraft pulsiert in Dir. Du atmest im Kreislauf des Lebens. Es besteht daher kein Grund, warum Du Dich mit eigensinnigen Konzepten in ferne Buchten und abgestorbene Wasserläufe absondern solltest, die der quellende Strom nicht mehr erfaßt. Handle im Einklang mit den Weisungen des Lebensstromes, und alles gelingt Dir mit leichter Hand. Du kannst aufhören zu kämpfen und mußt nicht länger mit dem Schlamm am Grunde des Wassers werfen. Löse Dich mit Deinen Selbstgesprächen von den morastigen Tümpeln Deiner Unzulänglichkeit. Daher frage nicht: »Was bekomme ich vom Leben«, sondern vielmehr, »was kann ich geben, um es allem Leben leichter zu machen«? Laß Dich von reinen Fluten an neue Ufer treiben.

Der Träumer

Träumer haben mehr vom Leben. Sie träumen lieber, als zu schlafen. Träume begleiten uns unser Leben lang, nicht nur im Schlaf. Denn auch tagsüber locken uns die Tagträume in einen schöpferischen Ausflug. In den Träumen des Tages und der Nacht erhält unsere Fantasie freien Lauf, und wir überschreiten die Brücke zu höherer Bewußtheit. Träume sind symbolisch für die Wünsche, die in uns schlummern. Viele dieser Wünsche sind nicht wachbewußtseinsfähig, denn sie werden von vielen Gewissensängsten begleitet. Wir wehren ab, wonach wir eigentlich verlangen, und speisen die ungelösten Konflikte mit intellektuellen Scheinerklärungen ab. Erstarrte Konflikterlebnisse bilden Panzer und Programme, die unsere Lebensfreude vermindern. Sie bauen darüber hinaus Wut in uns auf, weil wir nicht die Erfüllung und Liebe finden, nach der wir uns sehnen.

Abgestumpft in solcher Wut und Frustration, vergessen wir die Träume, auf die wir bauen. Obwohl fehlende Erinnerungen an die Kindheit verdrängte Demütigungen dokumentieren, bedeutet die fehlende Erinnerung an Träume keineswegs, daß wir nicht fähig sind zu träumen. Wer sich mit der eigenen Bilderwelt befaßt, kann viel leichter Einfluß auf seine Lebenssituationen nehmen. Die Bilder unserer Tag- und Nachtträume spiegeln unser eigentliches Wesen wider, das wir auf diese Weise erkennen und verstehen lernen können. Besonders Tagträume erlauben Dir eine genaue Beobachtung, mit welcher Art von Bildern Du Dich innerlich umgibst und welche Art von Selbstgesprächen Du führst. Auf diese

Weise erhältst Du einen präzisen Einblick in die Muster, die in der Tiefe Deines Unterbewußtseins eingeprägt sind. Das ist im Nachttraum nicht so ohne weiteres möglich, denn die im Wachbewußtsein vorherrschenden Betriebssysteme sind im Schlaf weitgehend ausgeschaltet. Nur die Schranke des Zensors oder des Gewissens wacht über die verborgenen Wünsche, damit sie sich nicht zu direkt und unverhüllt vor dem inneren Auge präsentieren. Daher schmuggeln sie sich in verschlüsselten Symbolen an dieser Schranke vorbei. Je stärker aber die Programme in uns den Zutritt der Wünsche zu verhindern suchen, um so mehr kämpft die Wunschenergie mit Alpträumen dagegen an, um sich die nötige Aufmerksamkeit zu verschaffen.

Das Traummaterial in unseren Träumen baut sich nicht nur aus vielzähligen Sinneseindrücken während des Tagesgeschehens auf, Träume können uns auch prophetisch eine Ahnung über unsere Zukunft weisen. Überdies können wir in Träumen Heilung erfahren. Klarträume gehören weiterhin zu den erregendsten Erlebnissen in Deinem Leben. Dieser Zustand des luziden Träumens setzt ein, wenn Du weißt, daß Du träumst. Diesen Moment der Bewußtheit kannst Du nutzen, um Deinen Horizont mit transpersonalen Erfahrungen weit auszudehnen. Traumreisen sind überallhin möglich. Sei es in die Wüste Gobi, auf eine Südseeinsel, in schwer zugängliche Bibliotheken verborgener Weisheitstempel oder zu fernen Planeten. Über unsere Träume erschließen sich lebenspraktische Alternativen, die unsere vorgeschichteten Programmschienen nicht zulassen würden. Traumhafte Lösungsmöglichkeiten bahnen wir in neuen Handlungsschritten an.

»Lernen Sie endlich träumen, dann finden Sie vielleicht die Wahrheit«, empfahl August Kekulé seinem Chemiekollegium, nachdem er die Strukturformel des Benzolrings, die für den Fortschritt der chemischen Forschung maßgeblich war, im Traum gefunden hatte.

Erträume Dir den Weg in Deinem Leben. Dein Leben gerät in eine Sackgasse ohne Ausweg, wenn Du keine Träume pflegst oder Du in Deinen Träumen versagst. Der Wurm kann einem Adler nicht das Fliegen lehren. Laß Dir daher Deine Träume nicht von Würmern unterbinden. In der Tristheit ihres erdgebundenen Alltags wühlen sie dem Motto treu: »Vom Erdboden kann man nicht fallen.« In der blinden Sturheit ihres Wühlprogrammes reden sie sich ein, sie müßten Würmer sein. Für Würmer bleibt das Fliegen immer nur ein leeres Traumgespinst. Wofür lebst Du denn, wenn Du Dir die Träume nehmen läßt? Der chinesische Philosoph Chuang Tzu grübelte darüber: »Bin ich ein Schmetterling, der träumt, er sei Chuang Tzu, oder bin ich Chuang Tzu, der sich vorstellt, er sei ein Schmetterling?« In Umkehrung dieser Frage stellt sich klar heraus: Du bist der Tropfen im Meer des Lebens, der vorübergehend träumt, er sei Du und sich diesen Traum versagt oder sich in diesem Traum das Glück des Lebens zuspricht.

Jenseits der Mauer

Die Mauer erscheint als eine kafkaeske Hürde. Vor jeder Stufe im Leben steht eine schier unüberwindliche Mauer. In der Sinngleichsetzung von

›nicht vorstellbar‹ mit ›unmöglich‹ halten wir diesen Wall für unüberwindbar. Es hilft nun nichts, diese Mauer zu ignorieren, denn wenn wir unsere Augen öffnen, baut sie sich noch immer vor uns auf. Bei dem Versuch, sie zu umlaufen, finden wir kein Ende, denn sie windet sich wie die Schlange, die sich in den Schwanz beißt, im Kreise um uns herum. Wir klettern empor, fallen mehrere Male zurück und geben schließlich mißmutig mit dem vordergründigen Beweis auf, es sei unmöglich. Mit verschieden vehementen Mitteln und drastischen Methoden kämpfen wir gegen sie an, doch die Mauer widersteht selbst hartnäckigsten Attacken. Je mehr wir uns bemühen, desto tiefer überhäufen wir uns mit Schutt und Asche. Warum ziehen wir uns mit Selbstgesprächen nicht am eigenen Schopf über die Illusion der Mauer hinweg?

Wir müssen uns nur von den übernommenen Irrtümern unserer begrenzten Selbstauffassung befreien. Wir sind bereits jenseits der Mauer! Begreife die Mauer als bereits überwunden. Nicht mit den Worten: »Wie wäre es, jenseits der Mauer zu sein«, vielmehr, »Wie ist es jenseits der Mauer«! Der Weise denkt, fühlt und handelt, als ob er bereits jenseits der Mauer leben würde. Auf diese Weise überwindet er in seinem Vorstellungsvermögen auch die Grenzen von Raum und Zeit. Damit begreift er sich in einem neuen Seinszustand, den er von Moment zu Moment mit liebevollen und dankbaren Selbstgesprächen weiterführt. Er richtet in der disziplinierten Ausdrucksweise der Selbstgespräche seine Gedanken, Gefühle, Körperhaltung, Kleidung und Handschrift fortwährend auf das widerspruchsfreie Ziel.

7

Richtige
und
falsche
Kommunikation

Grundlagen

Am Anfang war das Wort... der Auftakt für die unendliche Geschichte der Schöpfung. Die Kraft eines Wortes schwoll im Verlauf der Zeitalter zur ungeheuren Flut von Informationen an. Unser Kommunikationsverhalten bestimmt, wie wir uns durch das Senden und Empfangen von Mitteilungen in diesen Informationsfluß des Lebens einschalten oder ob wir in den Randzonen veralteter Daten dahinsiechen. Ein besiegter, gebrochener Mensch bezeugt eine vergiftete Kommunikation. Welches Wort und welche Killerphrase stand der Erfüllung seines Lebens im Weg? Denn es ist höchst zweifelhaft, ob ein solcher Mensch in seinem Leben jemals ein freundliches und wohlgesinntes Selbstgespräch führt. Darüber hinaus ist es fraglich, ob sich sein Kommunikationsverhalten auf der harmonischen Grundlage eigenen und gegenseitigen Verstehens vollzieht. Liebevolle Achtung und ein gemeinsamer Bezugsrahmen als Gesprächsgrundlage und ein aufrechtes Kommunikationsverhalten bilden die drei Säulen optimaler Kommunikation.

Wir müssen uns erklären. Erst durch unsere Äußerungen kann die Umwelt uns verstehen und unser Anliegen beantworten. »Sprich, damit ich Dich sehen kann«, lautete schon im antiken Griechenland ein geflügeltes Wort. Die Bedeutung optimaler Kommunikation ist offensichtlich. Wenn wir unsere Wünsche, Erwartungen, Enttäuschungen, Hoffnungen und Absichten anderen nie erklären und offenbaren, wie sollen sie uns dann verstehen? Meist gehen wir von der Annahme aus, die anderen wüßten, was wir denken, wünschen und wie wir uns fühlen. Die Erfahrung des täglichen Lebens belehrt uns jedoch rasch eines Besseren. In Folge solch trügerischer Annahmen fühlen wir uns letztendlich ungeliebt und unverstanden.

Die goldene Regel heißt: »Behandle andere so, wie Du selbst behandelt werden möchtest.« Vor einer Überprüfung unseres eigenen Kommunikationsverhaltens müssen wir vorweg diese Regel auf uns beziehen: »Behandle Dich selbst so, wie Du von anderen behandelt werden möchtest.« Erstaunlicherweise erwähnt kaum eines der trefflichen Bücher über Kommunikation, wie wir zunächst mit uns selbst auf die richtige Weise reden und zuhören lernen. Wir haben dazu zwei Ohren und nur einen Mund. Die Bedeutung unserer zwei Ohren wird weiter unterstrichen durch eine biologische Besonderheit: sie sind die einzigen Sinnesorgane, die immer aufnahmebereit sind und nie ruhen. Die Grundlagen für richtige oder falsche Kommunikation zeigen uns, wie wir andere richtig motivieren, mit ihnen richtig reden und so allen Beteiligten einen Gewinn verschaffen.

Wir müssen zuerst jedes Hindernis in unserem Energiefluß kennen und beseitigen, bevor wir mit anderen richtig kommunizieren können. Wir müssen uns zuerst selbst gut zureden, bevor wir optimale Kommunikation mit der Umwelt erwarten und fordern können. Im Hinblick auf das genannte Ziel finden wir eine Reihe von kommunikationsfördernden und kommunikationserschwerenden Faktoren, die es wert sind, einer näheren Betrachtung unterzogen zu werden.

Kommunikationserschwerende Ursachen sind:

Mangelnde Selbstliebe
Fehlende Motivation
Unfähigkeit, in sich hineinzuhören
Unklarheit über die eigenen Ziele
Unüberlegte Übernahme von Fremdanweisungen
Unfähigkeit, sich klar und deutlich auszudrücken
Unsachlichkeit
Ungeduld
Abschweifen vom Thema
Nichtbeachtung der Wirkung von Worten

Eine gestörte Kommunikation trägt ein wesentliches Erkennungsmerkmal. Die Stimmung sinkt in den Keller. Fehler und Versäumnisse der Vergangenheit, Vorwürfe und Schuldgefühle greifen Dich begründet oder vermeintlich an, und Du reagierst mit Abwehr. Lerne alles anzuschauen und anzuhören, was von Dir oder anderen kommt, ohne innerlich sofort zu reagieren. Eine Scheinharmonie um jeden Preis führt früher oder später zu einem vulkanartigen Ausbruch der schwelenden Konflikte. Betrachte Deine Situation, lerne aus Deinen Fehlern, ohne Dich jedoch mit einer Bewertung von gut und böse an sie zu haften, und gehe mit richtiger Kommunikation Deiner Bestimmung weiter entgegen.

Kommunikationsfördernde Ursachen sind:

Liebe zu sich selbst
Selbstmotivation
Annehmen der eigenen Wünsche
Bescheidenheit
Selbstvergebung
Dankbarkeit

Wahrheit
Selbstlob bei Erfolgserlebnissen
Fähigkeit, der inneren Stimme zu lauschen
Bewußtheit über die wirklichen Ziele
Fähigkeit, bis zum Ende zu denken
Imagination vom Ende aus
Klare Definitionen
Um Rat fragen
Zielstrebigkeit
Einhalten von Versprechungen
Ausdauer
Laut und deutlich sprechen
Anstimmung mit lebensbejahenden, anhebenden
Gefühlen

Auf dem Fundament wahrer, notwendiger und liebevoller Selbstgespräche beginnen wir, die Wunder
unseres Geistes richtig umzusetzen. Wir haben in
den vorhergehenden Kapiteln erfahren, warum und
wie wir konditioniert wurden, in bestimmten Gleisen zu denken, zu fühlen und zu handeln. Wir sind
uns der Notwendigkeit bewußt, daß wir uns über
unsere Programme hinwegsetzen und unsere Fähigkeiten in der imaginativen Vorwegnahme ausdehnen müssen. Im weiteren lernen wir nun mit Hilfe
der richtigen Selbstgespräche neue Programme im
Sinne einer positiven Reprogrammierung in unser
Betriebssystem einzuspeichern.

Mythen auf dem Psychomarkt

Wie Du Dir etwas sagst, ist ebenso wichtig wie was
Du sagst. Keine Macht der Welt kann Dir helfen,
wenn Du nicht Deinen Teil beisteuerst. Du mußt an

einer Umgestaltung Deiner Programme arbeiten, die eigensinnig und stur am Scheinwert eingespeicherter Muster festhalten, an Deinem mangelhaften Selbstbild und den Killerphrasen. Dieser Bereich der Lebenshilfe ist der modernen Marktwirtschaft nicht verborgen geblieben. Der New-Age-Markt erfüllt mit einer erfinderischen Gigantomanie von Waren und Therapierichtungen den Nährboden unerfüllter Sehnsüchte. Doch alle Ansätze und Techniken vermögen nicht an der Tatsache zu rütteln, daß sie sämtlich nur bloße Hilfestellungen darstellen und niemals Ersatz für eine wirkliche, tiefergründige Beschäftigung mit uns selbst sein können. Es fällt verhältnismäßig leicht, sich in Gruppen stark und sicher zu fühlen. Kaum bist Du aber wieder auf Dich selbst gestellt, mußt Du beweisen, ob Du wirkliche Stärke besitzt.

Die förderlichen Prinzipien der Selbstsuggestion benutzt die Psycho-Akustik zur unzuträglichen Fremdbeeinflussung. Subliminal-Kassetten führen Dich in die Welt der Fremdsuggestion ein. Unterhalb der Hörschwelle, während Du nur entspannende Musik vernimmst, wirken fremde Stimmen auf Dich ein, die Dein Unterbewußtsein unterschwellig, so ›ganz nebenbei‹ erreichen. Im Unterschied zur Gehirnwäsche, bei welcher der Widerstand des Delinquenten erst gebrochen werden muß, öffnest Du Dich hierbei ahnungslos und freiwillig den Konditionierungssignalen der Subliminal-Programme. Die fremde Stimme flößt Dir eine Botschaft ein, die Du nicht ständig überprüfen kannst. Entspannt oder erschöpft vermagst Du keine Widerstandskraft und kein Unterscheidungsvermögen aufzubringen, um die Folgen einzuschätzen. Keine fremde Stimme hat das Recht, Deine Speicher zu prägen. Du brauchst keine subliminalen Anleitungen, um Dich für neue Lebensinhalte zu begeistern. Die Reprogrammierung der unterbewußten Speicher im Sinne einer positiven Umwandlung und Reprogrammierung sollte nur von Dir ausgehen, aus Deiner eigenen Kraft heraus und mit den Arbeitsmitteln richtig geführter Selbstgespräche. Dein Unterbewußtsein hat im besonderen für Deine Stimme und Deine Vorstellungskraft die höchste Sympathie.

Nimm Dein Leben eigenverantwortlich in die Hand. Dein Leben ist wertvoll und so einzigartig wie Dein Fingerabdruck. Wichtiger als alle technischen Hilfsmittel und Verfahren ist die liebevolle Einstellung Dir selbst und allem Leben gegenüber. Du kannst beschließen, nicht länger im Heer der Masse zu vegetieren und ein ödes Leben in institutionalisierter Mittelmäßigkeit zu verbringen. Du bist unabhängig von Anerkennung und Liebe durch äußeren Zuspruch, denn Du erkennst Dich als Teil des Lebens, der in der Vielfalt allen Seins eine eigenständige Daseinsberechtigung erfüllt. Ein Baum, der mehrere Äste trägt, die eine Fülle von Blättern, Blüten und Früchten hervorbringen, stellt eine schöne und vollkommene Einheit dar. Jedes Blatt leistet seinen Beitrag, um in der Gesamtheit das Überleben des Baumes zu sichern. Ebenso erfüllt jedes Wesen seine Aufgabe im Leben. Allein dadurch, daß wir existieren, sind wir Teil in der Gesamtheit des Lebens. Wie können wir uns daher einsam fühlen? Wir dürfen im Austausch mit anderen unser Leben finden. Wir sind berechtigt, Wünsche und Bedürfnisse zu äußern. Wir dürfen Spaß an unserem Leben haben und Selbsterfüllung finden. Nutze hierzu die

Quelle Deiner Inspiration, und erziehe die Kraft-
speicher Deines Unterbewußtseins selbständig nach
Deiner Wahl. Niemand kann das besser als Du.

Der Falkner

Die meiste Zeit Deines Lebens verbringst Du mit Dir
selbst. Du hast daher allen Grund, das Leben mit
Dir so zu gestalten, daß Du gern mit Dir zusammen
bist. Verbessere Dein Inneres, und schlüssigerweise
stellt sich auch im äußeren Leben mehr Erfüllung
ein. Innere Umweltbereinigung bewirkst Du in der
gleichen Weise, wie die Prägung in Deinem bisherigen Leben verlief. Die wiederholte Reprogrammierung Deines persönlichen Computers durchdringt
sämtliche Speicher. Die Verinnerlichung positiver
und konstruktiver Botschaften reicht weit über blo-
ßes Wunschdenken hinaus. Sie ist wesentlich für
eine mündige Selbstverfügung, da wir meist eben
nicht von vernünftigen Erwägungen geleitet werden, sondern von den Wünschen unterhalb der
Oberfläche unserer wachbewußten Kenntnis. Auch
Werbefachleute haben die Annahme, Käufer würden sich von vernunftmäßigen Überlegungen zum
Kauf einer Ware bewegen lassen, inzwischen längst
als kostspieligen Irrtum erkannt. Unser Verhalten
ist stark von emotionalen Inhalten beeinflußt. Verstärke aus diesem Grund die neuen Anweisungen
an Deinen Computer mit der Kraft begeisterter Gefühle.

Der fruchtbarste Boden für die Samen von Erfolg
und Glück ist Dein Unterbewußtsein. Deine Energie, Deine Zeit und Dein Computer sind die Werk-

zeuge, die Dir bei der Bestellung Deines Ackers zur Verfügung stehen. Kurzsichtig wühlen wir in den dunklen Furchen negativer Konditionierung, ohne zu erkennen, daß sich unsere Aufmerksamkeit als die Gießkanne für das lebensspendende Wasser auf die Samen unserer Worte erweist. Daher müssen wir uns nicht mehr des bedingten Beistands von Therapeuten oder der Fürbitte von Priestern bedienen. Du kannst selbst neue Betriebssysteme im Moment des Hier und Jetzt, mit Hilfe der Vorstellungskraft und Hingabe an die allumfassende Intelligenz des Lebens in Deinen Computer einspeichern. Das geschieht auf einfache und unkomplizierte Weise durch bewußt geführte Selbstgespräche.

Die besten Vorsätze verstauben in der Ecke der Vergessenheit, wenn sie zu umständlich und aufwendig sind. Ein einfaches Beispiel zeigt, wie die Umwandlung alter Speicherinhalte durch neue Informationen schnell und ohne große Mühe funktioniert. Stell dir vor, Du stößt Dir Dein Knie an einer harten Kante. Dein Unterbewußtsein registriert den Schmerz, vergleicht ihn mit entsprechenden Situationen im Speicher, und das Knie schwillt als Ergebnis der schmerzhaften Verletzung an. Wiederhole in den unmittelbar darauffolgenden Momenten die ähnliche Bewegung, und berühre mit dem Knie sanft die gleiche Kante, an die es zuvor angestoßen war. Dein Knie und Dein Unterbewußtsein duplizieren den Vorgang ohne Schmerz. Die Erfahrung von Schmerz löscht sich im Vergleich mit der sanft und langsam nachvollzogenen Erfahrung Nicht-Schmerz aus. Die beiden Erfahrungen können nicht nebeneinander mit den gleichwertigen Bildern im Speicher bestehen. Der neue Erfahrungswert tilgt das alte

Bild mit der Folge, daß das Knie, wenn überhaupt, kaum oder gar nicht anschwillt.

Richte Deinen inneren Dialog auf positive Bestätigung aus. Führe Dich sofort, bewußt und liebevoll mit Selbstgesprächen aus Situationen heraus, die düstere Schatten werfen und Dich zu überfordern drohen. Ertappe die negativen Muster der Unzulänglichkeit, des Versagens und der Unlust, wenn sie in Dir die Führung über Deine Gedanken, Gefühle und Handlungen übernehmen wollen. Du bestimmst mit Deinen Selbstgesprächen, wie lange Du das Opfer Deines inneren Schweinehunds sein wirst. Reprogrammiere Dich im Augenblick der Beobachtung mit der neuen Anleitung, die Du in Deinem Leben verwirklicht sehen willst. Liebevolles Verständnis und Geduld sind die Vorbedingungen zur Aufnahme neuer Lerninhalte, die sich mit willentlicher Gewalt und unter Streß nicht aufzwingen lassen. Auch eine harte Bestrafung ist nicht der rechte Weg, wenn Besserung und nicht Verhärtung gewonnen werden soll. Arbeite mit zustimmender Bestätigung und ehrlich gemeinten Komplimenten.

Folgende Beispiele von Affirmationen kannst Du beliebig erweitern und ergänzen:

»Ich nehme mich an, so wie ich bin«
»Ich schaue gut aus«
»Ich akzeptiere mich voll und ganz«
»Ich liebe«
»Ich freue mich über (beliebig)«
»Ich bewundere mich«
»Ich hüpfe vor Freude«
»Ich schaffe, was ich mir vornehme«

»Ich bin durch und durch gesund«

»Ich bin würdig«

»Ich bin gut gelaunt«

»Ich bin ein Glückspilz«

»Ich bin entspannt«

»Ich nehme Liebe, Erfolg und Reichtum an«

»Ich bin begabt, intelligent und schöpferisch«

»Ich bin schön«

»Ich vertraue mir«

»Ich bin tolerant«

»Ich ernähre mich gesund«

»Ich übernehme volle Verantwortung für mein Leben«

»Ich bin dankbar«

»Ich bin glücklich«

»Ich genieße meinen Wohlstand«

»Ich verdiene das Beste im Leben«

»Ich vertraue«

»Ich bin der Meister meines Lebens«

»Ich bin sicher und großzügig«

»Ich bin erotisch und begehrenswert«

»Ich genieße mein Leben«

»Ich vergebe«

»Ich löse meine Probleme«

»Ich sprühe vor Begeisterung«

»Ich bin von Kopf bis Fuß einzigartig und
bewundernswert«

»Ich habe ein gutes Gedächtnis«

»Ich bin einverstanden mit meiner (Arbeit,
Beziehung, Leben)«

»Ich erfülle meine Aufgaben gerne«

»Die Lebensenergie durchströmt mich«

»Ich bin ein Teil allen Lebens«

»Ich habe Zeit«

»Durch mich wirkt die allumfassende Lebenskraft«

»Ich bin ein strahlendes Wesen voller Licht«
»Ich öffne mich für die inneren Weisheiten«
»Mir fällt es leicht zu (beliebig)«
»Ich nehme den Überfluß des Lebens an«
»Ich lasse meine Vergangenheit los«
»Ich übergebe meine Probleme dem Lebensstrom«
»Das Leben meint es gut mit mir«
»Goldenes Licht durchströmt mein Herz«

Du kannst mit diesen Botschaften, die Dir seit der Kindheit vermutlich vorenthalten wurden, Dein eigener Trainer, Steuermann und Charmeur sein. Die Selbstmotivation ist die einzige Form der Motivation, die dauerhafte Folgen zeitigt. Ersetze leeres Geschwätz mit der Kraft affirmativer Selbstgespräche, die wie Falken von Deiner Hand mit kräftigem Flügelschlag in die Höhe steigen. Sie öffnen und erfrischen Deinen Geist, Deine Gefühle und Deinen Körper.

Die Zündung

Unsere Worte und Äußerungen entscheiden über Sein oder Nicht-Sein. Der moderne Filmtitel des ›Sag niemals nie‹ deutet ebenfalls auf die sorgfältige Auswahl richtiger Redewendungen hin. Worte können uns in Denkfallen führen, aber auch retten. Dialektische Wendungen und semantische Verdrehungen locken uns unbesorgt in die Falle geschickter und rhetorisch geschulter Verkaufstaktiker. Fangfragen wie: »Die Ware in Grün oder Gelb, um 13.00 oder um 14.00 Uhr?« klammern vorsätzlich eine Weigerung aus und erzwingen eine Kaufentscheidung. Der Konsument wird zur Ware, seine

Entscheidungsfreiheit mißachtet. In der blinden Verherrlichung der Gesetze des überschießenden Warenangebots gepaart mit einfältigem Vertrauen in stetes Wirtschaftswachstum fallen bei vielen Managern und Verkäufern mit mildem Lächeln Ehre, Menschlichkeit, Respekt und Anstand zum Opfer. Aber jeder, der vorgibt zu lieben, im nächsten Atemzug jedoch betrügt, unterdrückt und ausbeutet, scheitert früher oder später unzufrieden im Spiegelkabinett der eigenen Lebenslügen.

Viele Worte legen falsche Gleise. »Was war zuerst vorhanden, die Henne oder das Ei?« Diese Frage, wie viele andere Redewendungen auch, stimmen bereits im Ansatz nicht. Sämtliche Bemühungen, das auf falschen Voraussetzungen beruhende, vermeintliche Rätsel zu lösen, sind von vornherein zum Scheitern verurteilt. Auf falschen Kreisen ist eine Lösung unerreichbar. Die Frage ist in sich falsch, wenn die Lösung lautet: beides zugleich.

Worte erhalten ihre Kraft durch das Leben, das Du ihnen mit Deiner Stimme einhauchst. Du prägst die Art Deines Lebens durch die Gespräche, die Du führst. Geschickte Worte steuern den Vollzug Deiner Lebenssituation. Humorvolle Selbstgespräche tragen Dich über alle quälenden Selbstzweifel hinweg. Rede Dich mit bejahenden Worten aus allen Umständen heraus, die Dir mißbehagen. Ob Du unter der Last Deiner Mauer zusammenbrichst oder jenseits der geborstenen Mauer stehst und stärker bist als je zuvor, hängt von Deinen Worten ab. Zünde zur richtigen Zeit die richtigen Worte.

8

Die
sieben Stufen
des
Selbstgespräches

Selbstgespräche sind der innere Dialog, den wir ständig, leise oder laut, mit uns führen. Wie wir über uns und andere denken, fühlen und was wir zu uns reden, bestimmt, wes Geistes Kind wir sind. Der Inhalt Deiner Worte formt die Bilder, mit denen Du Dein Selbst- und Weltbild gestaltest. Die Bedeutung bestätigender, affirmativer Selbstgespräche für die positive Umgestaltung unseres Lebens bestätigt sich vor allem in der gesteigerten Fähigkeit, Probleme handzuhaben. Die meisten unserer Probleme existieren nicht wirklich, sondern bestehen, weil wir eine gegebene Situation als Problem wahrnehmen und interpretieren. Mit einem anderen Programm, mit einer anderen Einstellung wandeln sich Probleme zu kostbaren Gelegenheiten, an denen wir unsere Stärke messen und unsere Kreativität beweisen können. Du kannst nie Deinen Wurf im Leben landen, Deine Erfolgsquote erhöhen, wenn Du den Schuß nicht wagst, weil Du Dir über die Problematik des Wurfes den Kopf zerbrichst. Es ist fraglich, ob es überhaupt irgendein Problem auf der ganzen Welt wert wäre, daran zu scheitern. Scheue Dich nicht, die negativ konditionierten Selbstgespräche zu verlernen und die neuen Formulierungen auszuprobieren. Allerdings kannst Du auf Widerstand stoßen, die alteingefahrenen Programme sträuben sich gegen jede Umgestaltung und versuchen mit den verfügbaren Mitteln der Gewohnheit, wie Faulheit, Trägheit, Mißmut und übler Rede, Dir die hohen Stufen der Selbstgespräche auszureden.

Selbstgespräche gliedern sich in mehrere Stufen mit unterschiedlicher Wertigkeit. Viele Selbstgespräche arbeiten gegen Dich und manche für Dich. Je höher die Stufe, um so mehr führen sie Dich Wort für Wort weg von der Wirkung konditionierter Reflexe und schädlicher Gewohnheiten und hin zur ursächlichen, freien Selbstverfügung.

Ich bin nicht

Dies ist mit Sicherheit die niederste Stufe der Selbstauffassung, die sich mit den Worten ›Ich bin nicht‹ zum Ausdruck bringt. Die Auffassung einer habgierigen, materialistisch orientierten Welt offenbart sich in der Formulierung: »Hast Du nichts, dann bist Du nichts.« Materieller Profit wird irrtümlich gleichgesetzt mit geistigem Profit. Diese Fixierung auf Haben statt auf Sein dürfen wir nicht auf unsere Selbstauffassung übertragen. Ein fremdgesteuertes Produkt gesellschaftlicher Prägungen und Scheinziele werden wir nur dann sein, wenn wir die darauf zugeschnittenen Phrasen in unsere Selbstgespräche übernehmen.

Deine Identität bestimmt sich durch die Art Deiner Identifikationen. Du bist das, womit Du Dich durch Deine Selbstgespräche gleichsetzt. Du kannst Dich durch das Ausmaß Deiner materiellen Besitztümer definieren, durch Dein Eigentum, Deinen Wohlstand, Deinen wohlgenährten Körper, aber das bist nicht wirklich Du. Du hast Dich nur festgesetzt in den Grenzen dieser Definitionen, in denen Du Dich zu finden wähnst. Eine durch materielle Bedingungen festgelegte Selbstfindung kann nie erfolgreich sein, denn Du bist kein materieller Keim. Das Leben lehrt uns, in ausgewogenem Austausch zu leben. Wenn Du zu wenig hast, bist Du bedürftig und damit nicht im Gleichgewicht. Wenn Du zu viel

111

hast, erzeugst Du an anderer Stelle einen Bedarf, das heißt, andere haben zu wenig. Eine Änderung Deiner Lebensumstände kannst Du nicht außerhalb Deines eigentlichen Selbst vollbringen. Du mußt Deine Programme ändern und Dich von der Identifikation mit Deiner alten Selbstauffassung lösen. Mit den Worten: ›Ich bin nicht‹, führst Du die schädlichste Form der Selbstgespräche.

Weitere Selbstgifte äußern sich wie folgt:

>Ich bin nichts wert«
>Ich bin schuldig«
>Ich bin nicht liebenswert«
>Ich bin nicht schön«
>Ich tauge zu nichts«
>Ich bin nicht erfolgreich«

Entziehe Dich dieser Form negativer Eingrenzung, und streiche diese Art von Sätzen für immer aus Deinem Wortschatz.

Ich kann nicht

Auf der nächsten Stufe negierst Du nicht mehr Dich, dafür aber Deine Fähigkeiten. Du sprichst Dir mit dieser lebensfeindlichen Form der Selbstgespräche viele schöpferische Anlagen ab.

Die Worte:
>Ich schaffe es nicht:
...in der festgesetzten Zeit,
...unter den gegebenen Umständen«

nimmt Dein Unterbewußtsein wahr als:

»Ich schaffe es überhaupt nicht«
»Ich kann nicht«

Selbstzweifel sind die gebräuchlichste Form des Selbstgesprächs.

Sie tauchen auf in Formulierungen wie:

»Ich traue es mir nicht zu«
»Ich habe nicht die Kraft«
»Es wird schon schiefgehen«
»Es geht halt nicht«
»Ich glaube nicht an mich«
»Ich glaube nicht«
»Ich möchte zwar gerne, aber:
...ich kann nicht,
...ich bin nicht«

Dein Wort wird zum Gesetz! Das Unterbewußtsein, das auf Deine Befehlseingaben wartet, nimmt Dich buchstabengetreu beim Wort. Der Computer versteht als Maschine keinen Spaß. Das durch Deine selbsteinschränkenden Befehle in Gang gesetzte Betriebssystem richtet sich zwangsläufig gegen Dich. Deine Träume, Dein Talent und Deine Energie zerschellen an den Klippen zugesprochener Selbstzweifel. Selbstgespräche auf dieser Stufe zerrinnen buchstäblich im unfruchtbaren Sand von Frustration und Enttäuschung.

Ich sollte

Die Autosuggestionen dieser Stufe reflektieren unseren Wunsch nach einer notwendig erkannten Umwandlung der Lebensumstände.

Unsere Hoffnungen, Wünsche und Absichten verbergen wir in typischen Worten wie:

»Ich müßte eigentlich«
»Ich sollte aufhören zu (schädliche Gewohnheit)«
»Ich muß endlich...«

Diese Selbstgespräche scheinen eine Besserung in Aussicht zu stellen, doch sie arbeiten auf eine besonders heimtückische Weise gegen uns, weil sie keine Lösung beinhalten oder aufzeigen. Unseren guten Wünschen und Absichten fehlt die Kraft zur Vollendung.

Die zu Ende gesprochene, ungekürzte Version lautet:

»Ich sollte, aber:
...ich will nicht,
...ich kann nicht,
...ich bin nicht«

Wir ersticken den auftreibenden Sproß unserer Absicht nach Selbstverfügung bereits im Keim. Wir können uns das Ende der einschränkenden Gewohnheit noch nicht vorstellen. Willfährig begrüßen wir jede Entschuldigung und Rechtfertigung für unser Versagen, denn nur eine mangelhafte Selbstauffassung setzt undenkbar mit unmöglich gleich.

Ausschließlich die Grenzen des eigenen Horizontes legen fest, was undenkbar ist und was nicht. Konrad Adenauer witzelte in vorzüglicher Weise: »Wir alle leben unter dem gleichen Himmel, aber nicht jeder hat den gleichen Horizont.«

Der zu Ende gesprochene ganze Satz enthüllt die geschickt in Worte verpackte eigene Mangelhaftigkeit und den Verlust an Selbstdisziplin:

> »Eigentlich müßte ich mehr arbeiten, aber…«
> »Eigentlich sollte ich nichts mehr essen, aber…«
> »Ich sollte aufhören, mich zu ärgern, aber…«

Im vervollständigten Satz erkennst Du das Programm in seiner vollen Unzuträglichkeit, das Du mit diesen Selbstgesprächen pausenlos mit Energie versorgst. Diese Form von Selbstgesprächen bringt Dich der Erfüllung Deines Lebens keinen Schritt näher, denn das Kontrollzentrum in Deinem Unterbewußtsein reagiert nicht auf noch so fromme, doch kraftlose Wünsche. Erst wenn Dein Computer durch das stete Wiederholen neuer Befehlseingaben umprogrammiert ist, kannst Du alte Klippen frei umschiffen.

Wenn ich nur

Die Selbstgespräche dieser Stufe sind ein trügerischer Ruf in den Wald voll schaler Hoffnungen. Das ersehnte Echo auf unsere Erwartungen bleibt unerwidert. Wir weisen einer fremden Instanz wie Gott, der Gesellschaft, den Banken, dem Staat alle Verantwortung und Schuld für das eigene Versagen zu:

»Wenn ich nur…
(beliebig: Geld, Partner, Wohnung, Auto, Chancen)
hätte, dann…«
»Wenn ich nur einmal Glück hätte…
aber ich habe eben keines«
»Ich brauche es erst gar nicht zu versuchen,
denn ich habe nie Glück«

Wir schaffen mit solchen Äußerungen einen Teufelskreis, dessen Auswirkungen wir für unabänderliche Bedingungen halten, von denen wir uns abhängig machen. Wir stellen uns selbst in eine Ecke und verkennen, daß wir ursächlich von Moment zu Moment im Leben voranschreiten können, wenn wir selbst aktiv Hand anlegen. Doch mit den falschen Selbstgesprächen drehen wir den Schlüssel unseres Sportcabriolets nicht um, der den Motor erst in Gang setzt, sondern klagen an, daß der Motor nicht läuft. Wir meinen, die Erfüllung unseres Lebens hinge an einem goldenen Faden, den die Umwelt für uns zu spinnen hätte.

Doch wie Schall und Rauch verfliegen die Vorzüge einer Stufe im Leben, die wir uns zwar wünschen, aber nicht selbst, aus eigener Kraft erklommen haben. Denn es bleibt zweifelhaft, ob wir die Stufe halten können, wenn unsere Fähigkeiten noch nicht ausreichen, die erworbene höhere Freiheit und den weitreichenderen Ausblick verantwortungsvoll und liebevoll zu handhaben. Aus diesem Grund sind Träume von Reichtümern und Lottogewinnen, die uns wie zufällig in den Schoß fallen, nichts als leerer Schaum. Träume, die wir nicht aus eigenem Vermögen schaffen, sind nicht von Dauer und verflüchtigen sich im Alltag schnell. Wir sind besser beraten, wenn wir uns die lebenspraktischen Schritte auf unserem Weg zur Erfüllung durch zielgerichtete Selbstgespräche vorbereiten, als bedürftig einen Haupttreffer im Lotto zu erhoffen. Äußere Reichtümer stehen uns nicht zu, solange wir innerlich nicht das entsprechende Bild pflegen, um mit Reichtum besonnen und umsichtig umzugehen. Wir wünschen reich zu sein, ohne innerlich den Reichtum vorwegzunehmen, ohne zuvor reich durch liebevolles Geben zu sein. Mit einem inneren Mangelprogramm wird uns unverdienter Gewinn, sofern überhaupt möglich, so schnell durch die Finger rinnen wie er kam. Andererseits können wir mit einem inneren Überflußprogramm immer wieder Reichtümer verdienen, selbst wenn wir Millionen verlieren. Abgesehen davon sind Liebe, Glück, Erfolg, Reichtum, Freude und Gesundheit unkäufliche Güter geistigen Bewußtseins, die nur in der Selbstfindung realisierbar sind.

Erfüllung im Leben ist der trägen Masse nie möglich. Du mußt Deinen Boden selbst bestellen, für Dich Deinen Teil beanspruchen und mit den richtigen Selbstgesprächen die Vorbereitungen für die Ernte schaffen, damit Du nicht mit leeren Händen ausgehst.

Ich will

An der Wegscheide der fünften Stufe des Selbstgespräches entscheidest Du Dich erstmals, für Dich statt gegen Dich zu arbeiten. Du beschließt mit diesem Befehl, noch fordernd oder bereits aktiv, eigene Schritte zu unternehmen:

»Ich will«

Nur verursacht jeder Kraftaufwand eine Gegenkraft. Aus diesem Grund treibt uns die Kraft des Willens oft zum Gegenteil der beabsichtigten Bemühung. Unser Unterbewußtsein läßt sich nicht mit der Kraft des Willens steuern, vielmehr mit der sanften, aber nachhaltigen Stärke der Imagination. Sprich zu Dir, welche Schritte Du kurzfristig, mittelfristig und langfristig planst, um eine gründliche Änderung Deiner Lebenssituation vorzuplanen, die Du mit den nächsten Stufen in die Wege leitest.

Ich kann

Die nächste Stufe zur Selbsterfüllung erklimmen wir mit dem zuversichtlichen Wissen von:

»Ich kann«
»Ich kann mein Ziel erreichen«
»Ich kann mich annehmen, wie ich bin«
»Ich kann, weil ich muß«
»Ich kann meine Probleme lösen«
»Ich kann weitergehen«
»Ich kann vertrauen«
»Ich kann aus mir herausgehen«
»Ich kann mich von negativen Programmen befreien«
»Ich kann wieder Spaß am Leben finden«
»Ich kann Verständnis aufbringen«
»Ich kann mich positiv einstimmen«
»Ich kann mich öffnen«
»Ich kann lernen«
»Ich kann mein Leben aktiv gestalten«
»Ich kann Freude schenken«
»Ich kann lieben«

Wir ersetzen mit diesen Selbstgesprächen die unschlüssige Hilflosigkeit und kleinmütige Verzagtheit mit unternehmenslustigem Vertrauen auf die eigenen Fertigkeiten. Du hast guten Grund, Dir bei der Durchführung Deiner Aufgaben selbst gut zuzureden und Mut zuzusprechen, um Deine Arbeit ordentlich zu Ende zu führen. Vertiefe zu guter Letzt jedes Erfolgserlebnis Deiner Tätigkeit, indem Du Dich ausgiebig lobst. Gratuliere Dir freudig für jedes erreichte Ziel. Johann Wolfgang von Goethe kommentierte einmal den Vorwurf: »Eigenlob stinkt« mit den Worten: »Und das sagen Leute zu mir, die mir nicht einmal das Wasser reichen können!« Denn es sind vor allem die Neider, die uns mit ihren hämischen Schmähworten auf die Ebene ihres eigenen Versagens herabziehen wollen. Wer gefangen ist in schändlichem Benehmen, mißgönnt die Freiheit, die er selbst vermißt, dem, der sagt, er kann. Sicherlich herrscht ein Gegensatz zwischen eitlem Protz und gesundem Selbstbewußtsein, und natürlich mußt Du Deinen Erfolg nicht lautstark in alle Welt hinausposaunen, aber selbstverständlich darfst Du Dich reinen Herzens und mit klarem Blick an Deinen Zwischenzielen im Selbstlob laben.

Ich bin

Mit dieser Stufe erreichen wir die vollendeste Form des Selbstgespräches. Diese höchste Stufe des Selbstgespräches stärkt uns in positiver Selbstbestätigung, die wir am meisten benötigen, uns aber am wenigsten zusprechen:

»Ich bin der ich bin«

Du kannst im Zustand des gegenwärtigen Seins niemals mehr sein als das, was Du bist. Deine wahre Beschreibung läßt sich bündig in die Worte fassen:

»Ich bin«

Dieser Seinszustand benötigt keine weitere Beschreibung. Du bist einfach. Jede Beschreibung oder Zuweisung von Eigenschaften wie Alter, Geschlecht, Beruf oder Lebensumstände grenzt diesen Zustand des ICH BIN ein. Durch unbesonnene Identifikationen, die Dir in der Erziehung zugewiesen werden, weist Du Dir bestimmte Umstände zu.

Jede Definition, die Du Dir zusprichst, entfernt Dich aus der Einheit allen Lebens und versetzt Dich durch Deine Selbstgespräche in die Lebensumstände, die Du Dir zusprichst. ICH BIN umhüllt sich mit den Fesseln und Bürden verschiedener Masken. Verinnerlichte Programme, Meinungen, Einstellungen und Gefühle stehen als festgefügte Bilder dem freien Zustand des ICH BIN im Wege. Doch der Moment des Hier und Jetzt verschafft uns jederzeit die Freiheit, diesen ursprünglichen Seinszustand wieder einzunehmen.

Nimm Dir für die folgende Übung ein paar Minuten Zeit, und sage Dir innerlich vor:

»Ich bin Liebe«
»Ich liebe«

Erfasse in dieser Übung den Seinszustand Liebe und gehe darin auf. Ebenso kannst Du mit jeder anderen Qualität eins werden und in Dir Kraft, Weisheit und

Freiheit aufnehmen. Du kannst auf diese Weise Deinen Horizont für das Leben weit öffnen. Nicht ohne Grund beginnen die wirkungsvollsten Selbstgespräche zur psychologisch fundierten, positiven Umstimmung mit den Worten ›ich bin‹:

>Ich bin faszinierend und wunderbar«
>Ich bin offen für die positiven Lebensenergien«
>Ich bin eins mit meinem wahren Selbst«
>Ich bin erfolgreich«
>Ich bin glücklich«
>Ich bin strahlend schön«
>Ich bin gesund«
>Ich bin zuverlässig und ordentlich«
>Ich bin mir selbst ein guter Freund«

Zu der gleichen Stufe zählen alle in der Gegenwart abgefaßten Selbstgespräche, die Dir den Weg ins Leben leichter machen:

>Ich verwirkliche meine Vorstellungen«
>Ich äußere meine wahren Wünsche und Bedürfnisse«
>Ich freue mich«
>Ich interessiere mich für (beliebig)«
>Ich genieße mein Leben«
>Ich verzeihe«
>Ich danke«

In unseren Selbstgesprächen sind wir vorrangig an der positiven Gestaltung und nicht an der Verneinung von Tätigkeiten interessiert. Dennoch kannst Du auch bereits in dieser Formulierung den Erfolg in Deinen Gesprächen vorwegnehmen:

»Ich esse nicht mehr als mein Körper braucht«
»Ich lasse mich nicht mehr (beliebig)«
»Ich habe keine Probleme mehr mit:
(den Kollegen, dem Partner, der Arbeit)«

Die unvorteilhafte Programmierung von schädlichen Gewohnheiten, wie es beispielsweise das Rauchen ist, löscht Du, wenn Du mit jeder Zigarette zu Dir sprichst:

»Ich rauche nicht«

Dein Unterbewußtsein prägt sich diese Botschaft bei steter Wiederholung ein. Es wird aktiv und tilgt das Bild des Rauchers in Dir. Bei irgendeiner Zigarette schließlich meldet sich Dein Computer und gibt Dir zu bedenken: »Was machst Du eigentlich mit diesem Stummelschnuller, Du rauchst doch nicht.« Nach und nach verlierst Du das Verlangen nach der Zigarette, weil Du Dir das Bild des Rauchers richtiggehend ausgeredet hast. Es ist nicht mehr in Deinem Betriebsspeicher vorhanden. So bist Du mit den passenden Worten Nichtraucher geworden. Denn Du prägst mit Deinen Selbstgesprächen Deine Wirklichkeit.

9

Tricks
und
Tips

Richtiges Selbstgespräch schreckt wie ein schriller Wecker die alten Programme aus dem Trott gebieterischer Gewohnheit, und neue Befehlseingaben krempeln Dein Bewußtsein um. Was nützt es Dir, wenn Du Dir vorredest und anderen erzählst, wie schlecht es Dir doch geht? Du raubst Dir damit nur die freudige Anteilnahme am Leben. Im Sinne einer symptomorientierten Erleichterungstherapie schaufelst Du Dir vielleicht ein paar Sorgen von der Seele, wenn Du sie überhaupt auf diese Weise von Dir loslösen kannst. Die wirklichen Ursachen der Hoffnungslosigkeit und Depression behandelst Du mit hängenden Schultern aber nicht. Deine Klagen und Beschwerden sind kein wirksames Heilmittel im Lebensvollzug, denn sie ändern nicht das geringste an Deiner Situation, gleich in welcher Dosis. Keine Situation verschwindet von allein aus Deinem Leben. Die Hunderte von Worten, die Du täglich, leise oder laut, ins Leben rufst, sind wie ein Klebstoff, mit dem Du die Fäden Deines Lebens kittest oder wieder neu zusammenfügst. Weise angewandt, führen Selbstgespräche Dich zu jedem Ziel. Wisse, fühle und handle nach einem von Dir entworfenen Programm und nach Deinen eigenen Regeln. Und hüte künftig eifersüchtig den Dir aufgedeckten Schatz der Selbstgespräche!

Wie jede Kunst will auch das rechtschaffene Malen Deines neuen Selbstbildes gelernt sein. Als Lebenskünstler in der reichen Vielfalt des Lebens sollst Du mit praktischen Pinselstrichen eigene Einfälle und Techniken kreativ zusammenstellen. Eine Technik hilft nicht allzu viel, wenn Du sie nicht mit Deiner Energie anfüllst. Deine Beschäftigung mit Dir passenden Lösungen erzeugt die Energien, die Dein Weiterkommen gebührlich fördern.

Jede Stufe, die vor Dir liegt, erklimmst Du erst in dem Moment ganz, in dem Du die alte Stufe hinter Dir zurückläßt. Die richtigen Worte zur richtigen Zeit schaffen Dir das dazu nötige Vertrauen. Positive Selbstgespräche haben im übrigen nichts mit falsch verstandener Ja-Sagerei zu tun. Ja zu sagen, wenn Du eigentlich nein sagen willst, ist keineswegs immer ein Beweis für Liebenswürdigkeit und Freundlichkeit, sondern es ist Dir gegenüber unaufrichtig und unterminiert Dein Selbstvertrauen. Für jede spezielle Situation in Deinem Leben gibt es Worte, die Dich weiterbringen. Dieses Buch bietet nicht genügend Raum, um sämtliche, für alle denkbaren Situationen erforderlichen Redewendungen vollständig auszuformulieren. Daher bleibt Dir nichts weiter übrig, als sie Dir gemäß der aufgeführten Beispiele selbst zusammenzustellen.

Die besondere Stimme

Gedanken und Worte sind auf Gedeih oder Verderb der Stimme ausgeliefert. Zunächst gilt es, auf unsere Stimme zu achten. Unsere Stimme verrät uns, weil sie den Ton angibt. Und der Ton macht die Musik. Wenn wir den richtigen Ton anschlagen, beschert uns unsere Stimme so manchen Erfolg. Bereits der Klang des Geburtschreies eines Kindes zeigt an, ob Gehirn und Nerven richtig funktionieren. Was bereits die Stimme des Säuglings enthüllt, können die Stimmbänder des Erwachsenen nicht verschweigen. Die Stimme verrät unsere Stimmungen und Absich-

ten, sie ist das akustische Diagramm unseres Selbstbildes. Nach einer einfachen, doch den meisten
nicht gewahren Regel, zieht uns eine tiefe, volle
Stimme in den Bann, während eine hohe, dünne
Stimme reizt und die schiefen Töne aus der Kehle in-
newohnende Ängste und Verklemmungen verrät.
Der bekannte, sonore Brustton der Überzeugung ist
allen mächtigen, selbstsicheren Persönlichkeiten gemeinsam; sie sprechen klar und deutlich, ohne laut
zu werden. Die dominante Klangmelodie ist von
vorteilhaften, taktischen Pausen durchsetzt und
kippt nicht in ein monotones, mattes Leiern.

Die Stimmbänder bestimmen unabänderlich das
Wie unserer Stimme. Dennoch können wir uns in
einigen Schönheitskorrekturen üben:

deutliche Aussprache aller Silben
mitreißende Betonung
weiche Sprachmelodie
angepaßte Lautstärke
betonte Rhythmik
ruhiges und gelassenes Sprachtempo

Lautbildung, Atemtechnik und Sprechübungen versehen unsere Sprachmelodie mit dem überzeugen-
den, warmen und geschmeidigen Klang aus der
Brust. Vorwiegend Streß übt einen nachteiligen Ef-
fekt auf unsere Stimme aus: die Stimmbänder ver-
krampfen sich, und die Tonhöhe schraubt sich in
die Höhe. Mit einiger Übung kannst Du jeden Kloß
in Deiner Kehle vertreiben und die verirrte Stimme
durch tiefes, entspanntes Atmen wieder in die Brust
zurückleiten.

Entspannung kommt nicht nur unserer Stimme zugute. Die Aktivierung unseres gesamten geistigen Potentials ist erst aus einer tiefen Entspannung heraus möglich. So muß auch jeder Lernvorgang streßfrei sein, denn sonst wird das Ergebnis nicht oder nur bruchstückhaft gespeichert. Ärger, nicht ausgetobte Frustrationen und Streß machen uns krank, wenn wir sie nicht von uns schütteln. Sie blockieren Gefühle, Gedächtnis, kreative Ansätze und bildhaftes Denken und aktivieren im Unterbewußtsein verankerte Muster und Rillen, die uns immer wieder in festgefügte Verhaltensweisen ohne Aussicht auf eine Klärung zurückwerfen.

Eine klangvolle, entspannte Stimme mit selbstsicherer Tonart gewinnen wir mit einem Stimmentraining. Ein Tonbandprotokoll der eigenen Stimme verrät Dir auch ohne fachmännische Kenntnis die Stimmung der einzelnen Worte und Klänge. Um Dich mit Deiner Stimme vertraut zu machen, zeichne Dir ein normales Gespräch auf Tonband auf oder lese Dir aus einem Buch vor. Unschwer kannst Du mit der Ausdrucksweise, die Du wählst, die Wirkung Deiner Stimme kontrollieren lernen.

Das ABC der Formeln

Erfolgreiche Selbstgespräche stützen sich auf insgesamt zwölf maßgebliche Gebote:

1. Atem

Tiefe, entspannte und natürliche Atemzüge sind keineswegs die Regel. Meist schnappen wir nach Luft. Das mag seinen Grund mit darin haben, daß durch den berühmten Klaps auf den Po der Säugling zum Atmen geschockt wird. Im Gegensatz dazu vollzieht das Baby bei der natürlichen Geburt von selbst angstfrei den ersten Atemzug, der den Schädelknochen und den ganzen Körper weitet. Die meisten Menschen atmen flach und oberflächlich. Mit der bewußten, vorzugsweisen Bauch- oder Zwerchfellatmung kannst Du Dich in Deine ruhende Mitte führen. Du kannst auf diese Weise regelrecht Angst oder Streß ausatmen. Atme dabei besonders tief und langsam ein und aus. Eine bewährte Technik ist es auch, Deinen Atemrhythmus mit verheißungsvollen Vorsätzen zu koppeln.

2. Bildhafte Vorstellung

»Ein Bild ist stärker als 1000 Worte«, sagt ein klassisches chinesisches Sprichwort. Stelle Dir Deine Erfolge bildhaft vor. Male Dir in aller Deutlichkeit Deine Wünsche als bereits bestehende Wirklichkeit aus. Die intensive kreative Visualisation führt Deine Leistungen zur sicheren, fruchtbringenden Blüte. Deine Phantasie führt Dich, geleitet von den richtigen Worten, den Situationen zu, die in Deiner Vorstellungskraft zur Reifung kommen. Stell Dir beispielsweise vor, wie Du die ersehnte Prüfungsurkunde bereits in Händen hältst. Oder pflege sorgsam Deine Partnerschaft, indem Du sie innerlich mit harmonischen Gesprächen nährst. Verzeihe Dir in Deiner Vorstellung vergangene Fehler, damit Du weitergehen kannst. Trenne Dich sofort und unbedingt von inneren Zwiegesprächen, die Du haßerfüllt mit Dir oder über andere führst. Beende sie wie ein Telefongespräch, indem Du bildlich den Hörer auf die

Gabel legst. Ziehe die Vorstellung vor, wie aus Deinem Herzen ein helles Licht erstrahlt oder wie Dich ein Schleier von heilendem Licht durchströmt und durch Dich alles Leben berührt.

3. Dialogisieren

Schon Cäsar faßte aus gutem Grund seine Berichte an den römischen Senat in der 3. Person ab. Diese antike Technik erzeugt eine kritische Distanz, die wir für unsere Selbstgespräche verwenden. Im Dialog mit Dir selbst kannst Du Dir Klarheit über Deine Vorgehensweisen schaffen und Deine Befehlsvorgaben in ihrer Wirkung verstärken. Dies ist um so mehr der Fall, wenn Du im Gespräch mit Dir Dich mit Deinem Namen ansprichst. Dein Name wirkt besser als jedes geheime Codewort wie ein Sesamöffne-Dich auf Dein Unterbewußtsein.

4. Einfachheit

In der Kürze liegt die Würze. Zerrede Deine Vorhaben nicht. Appelliere mit einfachen und knappen Sätzen an Dich. Ohne umständliche Verkleidungen und lange Geschichten kannst Du mit wenigen Worten klar zum Ausdruck bringen, was eigentlich Sache ist. Fasse Dich kurz und prägnant. Jedes Problem läßt sich mit höchstens 10 – 12 suggestiven Formeln abdecken.

5. Positive Gefühle

Die Kraft der wiederholten, emotionalisierten Visualisation schmilzt wie ein heißes Bügeleisen die eingetrockneten Rillen alter Gewohnheiten hinweg. Heiße die Situation in Deinem Leben begeistert willkommen, die Du ersehnst, statt Dich mit Klagen und schändlicher Kritik an das Gegenteil Deiner Träume zu binden. Im übrigen ist Lachen eine Therapie, die jeden Teufel vertreibt, wie Martin Luther schon zu sagen pflegte. Fröhliches Lachen durchbricht verspannte Anstrengung, wehrt Ärger ab und bringt die kreativen Energien zum Fließen.

6. Gegenwart

Was Du nicht im Moment sein kannst, wirst Du nie sein. Darum sind wirksame Selbstgespräche immer in der Gegenwartsform abgefaßt. Sie zielen nie in die Zukunft des ›irgendwann möchte, werde, würde, wünschte ich‹. Die Zeit steht still in der Gegenwart von Hier und Jetzt. Nur im Moment stehen uns alle Möglichkeiten offen, und nur im Moment können wir jede gewünschte Änderung vollziehen. Nur im Augenblick bist Du frei und unabhängig von Vergangenheit und Zukunft. Denn aus morgen wird bald übermorgen. Und das Ziel rückt immer weiter in die Ferne, ohne jemals überhaupt wahr zu werden.

7. Genauigkeit

Vage Ziele und Vorgaben verlocken nicht. Besonders wenn Du eine problematische Situation in den Griff bekommen willst, mußt Du Dein Problem genau und spezifisch in die Zange nehmen. Präzise Ziele erreichst Du mit präzisen Lösungswegen und genau ausformulierten Marschbefehlen.

8. Gestik und Mimik

Bewegungen Deiner Hände und Deine Mimik unterstreichen die Bedeutung Deiner Worte. In Verbindung mit geschickt gewählter Gestik und Mimik legst Du zusätzliches Gewicht in Deine Botschaften.

9. Gründlichkeit

Erfasse mit Deinen Selbstgesprächen sämtliche Blickpunkte der Situation, die Du ändern willst. Beleuchte sie in allen Einzelheiten, und lasse keinen Aspekt unbeachtet.

10. Sachlichkeit

Überflüssige Worte wirken dem Zweck entgegen. Erzähle Dir ohne lange Umschweife von Deinem Ziel, Schritt für Schritt, Wort für Wort. Vermeide langatmige und umständliche Beschreibungen.

11. Stimme

Die Stimme ist, wie bereits erläutert, der tonangebende Träger Deiner Gedanken und Worte.

12. Wiederholung

Den zur Umwandlung unserer Programme notwendigen Druck üben wir in der dauerhaften Wiederholung aus. Dieser Methode bedienen sich gerne Erzieher, wenn sie ungehorsame Schulkinder 50, 100 oder gar 500 Mal die prägende Formel der Umerziehung niederschreiben lassen. Verstärke dieses Prinzip, indem Du aus Deiner Wunschvorstellung eine persönliche Melodie komponierst, die Du Dir immer wieder vorsingst. Ein mit einer schönen Melodie verbundener Text, rhythmisch gesungen, wirkt für Dich wie eine magische Formel.

Naturvölker kennen den Einfluß wiederkehrender rhythmischer Sprechgesänge aus dem Urwissen der Menschheit. Sie bewirken eine Öffnung in der unsichtbaren Mauer starrer Gewohnheiten und Uneinsichtigkeit und werden bei Heilzeremonien eingesetzt, um tiefgreifende Heilungsimpulse zu setzen. Diese Technik kannst Du auch für Dich verwenden, denn die rhythmische Betonung intensiviert die Wirkung Deiner Selbstgespräche.

Rezept für einen fröhlichen Tag

Ein ansehnlicher Junggeselle in einem Kinofilm ist unglücklich verliebt. Eines Morgens wird ihm bewußt: »Früher summte ich immer ein Lied, kaum daß ich erwachte. Seit ich sie kenne, ist mir das Lachen ziemlich vergangen.« Diese wenigen Zeilen enthalten eine unschätzbare Inspiration. Was meinst Du, wie ein Tag verläuft, an dem Du gut gestimmt erwachst und fröhlich ein Lied zu summen beginnst? Die Melodie trägt Dich auf ungeahnten Schwingen durch den Tag. Singe, pfeife oder summe einfach eine vergnügte Melodie, bei der Morgentoilette, auf dem Weg zur Arbeit, im Beruf und in der Freizeit, selbst wenn Dir zunächst gar nicht danach zumute ist. Du vermittelst damit Dir und Deinem Partner gute Laune.

Nicht jedes Lied behütet Dich. Unsere Ohren sind voll von verklärten Schnulzen, die uns eine heuchlerische Fassade von einer entstellten Welt vormachen. Achte aus diesem Grund genau darauf, auf welche Lieder Du Dich einstimmst. Scheue Dich nicht, unnachgiebig mißliebige Ohrwürmer im Garten Deines Bewußtseins auszurotten. Lieder mit hohem Erinnerungswert fließen tief in Dich ein und hinterlassen ihre suggestiven Botschaften in Deinem Speicher. Setze den Texten, mit denen Du nicht übereinstimmen kannst, ausgewählte Selbstgespräche entgegen.

Tonbandtechnik

Es mag wohl überraschend klingen, aber mehr als viele andere technische Errungenschaften dient der Kassettenrecorder dem Streben nach Erfüllung im Leben. Denn Du kannst das Beste über Dich auf Tonband hören, wann immer Du willst! Das Aufsprechen oder Besingen sorgfältig zusammengestellter Formeln und Programme auf Tonband ist eine tiefschürfende Technik, die allerdings feinfühliges Unterscheidungsvermögen und verantwortungsvolle Weitsicht voraussetzt. Rhythmisch besprochene oder besungene Kassetten kannst Du bequem und ohne großen Zeitaufwand für Dich herstellen. Die Mühe der Tonbandaufnahme mußt Du allerdings auf Dich nehmen. Sicherlich bietet der Handel verschiedene Kassetten zur Lebenshilfe an, doch die meisten der käuflichen Kassetten tragen einen schwerwiegenden Makel. Du mußt Dich einer mehr oder weniger angenehmen, fremden Stimme und einer mehr oder weniger passenden Botschaft unterwerfen. Wirkungsvoller, kräftiger und lebensnaher sind Kassetten, die Du konkret auf Deine Situation abstimmst und mit Deiner Stimme vertonst. Gestalte Dir eine gesammelte Reihe von Tonbandkassetten, oder in vorteilhafter Erweiterung eine Reihe von Videobändern, für jede Gelegenheit. Eine Kassette zur Steigerung Deines Selbstwertgefühls, eine Kassette zur verbesserten Gestaltung Deiner Partnerschaft und Liebesfähigkeit, eine andere Kassette, die Dir hilft, besser auf andere einzugehen, und eine nächste, die Dir hilft, Deine Aufgaben eher zu erledigen, und eine Kassette schließlich, die Dich unterstützt, eine schädliche oder schlechte Gewohnheit loszuwerden.

Begrüße Dich auf der Kassette mit fester, klarer und vitaler Stimme wie einen guten, lieben Freund nach Jahren der Trennung mit überschwenglicher Freude. Keinesfalls aber verschlafen und mürrisch oder mit der säuselnden Nuschelstimme eines zaghaften Schwächlings. Deine dynamischen Befehle stärken Dich jedesmal aufs neue, sobald Du nur die Kassette ablaufen läßt. Zu Hause, im Auto und bei vielen anderen Gelegenheiten richtest Du nachhaltige Botschaften an Dich, selbst wenn die Kassette im Hintergrund abläuft und Du Dich mit anderen Tätigkeiten befaßt.

Hurra-Technik

Juble wieder so oft und so gut es geht. Die befreienden Energien der Freude machen Dir im positiven Sinne Luft. Jubeln ist gesund, weil es eine natürliche und kreative Technik des Selbstausdruckes ist. Die Begeisterung überfließender Freude öffnet einen frischen Lebensquell in Dir, der auch auf andere anhebend wirkt, denen Du einen aufmunternden Blick, eine freundliche Geste oder ein heiteres Wort schenkst. Warum sich schämen, auch in der Öffentlichkeit ›hurra‹ zu schreien oder fröhlich zu lachen? Fürchtest Du noch aufzufallen? In diesem Falle übe vorerst diese Technik leise, und juble innerlich mit der vollen Kraft Deiner Gefühle ›hurra‹ bei jeder sich bietenden Gelegenheit.

Doch worüber sich freuen, wenn es vermeintlich keinen Grund zur Freude gibt? Stelle Dir hartnäckig vor dem Spiegel so lange die entscheidende Frage: »Warum freue ich mich?«, bis Dein Verstand eine Antwort weiß. Die Frage an Deinen Computer lautet nicht, ob Du Dich freust oder nicht, sondern warum. Daher durchkämmt er seine Programme nach dem Stichwort Freude, bis er einen Vorschlag vorbringt, den Du dann als zündenden Funken aufgreifst.

Mit dieser Fragestellung trickst Du Deinen Computer aus und überspringst negative Muster der Verzweiflung und Mutlosigkeit. Du erlaubst Deinem Verstand nicht länger, Dich auf Deinem Weg zu bremsen.

Fehlschläge auf dem Weg zum unvermeidlichen Erfolg tragen dazu bei, die Schritte in Richtung unseres Ziels besser zu planen. Fehlschläge sind keine Schande, das Aufgeben unserer Bemühung, die Fesseln der Selbstbeschränkung zu sprengen, dafür um so mehr. Eine Überanpassung an die Erwartungen der Umwelt darf nicht soweit gehen, daß wir uns jeden Lebensmut versagen.

Die Lebenskarte

Eine Landkarte hilft Dir, Wege zu finden. Den gleichen Sinn erfüllt die Lebenskarte, mit der Du Dein weiteres Leben stufenweise vorplanen kannst. In den Mittelpunkt klebst Du ein Foto von Dir, auf dem Du glücklich strahlst. Um dieses Bild herum zeichnest Du in farbenfroher Gestaltung Deine Wünsche in glaubwürdiger Endverwirklichung. Anstelle von Zeichnungen kannst Du auch Ausschnitte aus Bildbänden oder Illustrierten verwenden. An mehreren Stellen auf der Karte schreibst Du in Sprechblasen, ähnlich wie Du es aus Komikheften kennst, Dein persönliches Selbstgespräch hinein. Deiner Kreativität sind ebensowenig wie dem Umfang dieser Karte irgendwelche Grenzen gesteckt. Diese großartige Technik ist eine Schatzkarte, die Deine Ziele konkretisiert. Eine solche Bildkollage zeigt beispielsweise, wie Du glücklich Deinen Führerschein in Händen hältst, oder Du winkst Dir, in einer Hängematte liegend, von einem tropischen Palmenstrand aus zu. Vielleicht willst Du Dich auch als ein von Sorgen befreites, lichterfülltes Wesen zeichnen.

10

Ausblicke

Selbsterkenntnis

Schon vor 2000 Jahren forderte Sokrates in Athen: »Mensch, erkenne dich selbst.« Das ist das erste Abschlußziel in der Schule des Lebens, die uns lehrt, die selbstsüchtigen Wünsche versteinerter Herzen nach und nach durch die wahren Werte zu ersetzen. Solange wir das nicht begreifen, erschöpft sich unser Drang nach Selbsterkenntnis im Sinnestaumel einer von wenigen tatsächlichen Nutznießern gesteuerten Welt.

Als Verschleißprodukt entfremdender Konditionierungen und konsumorientierter Ziele bleibt ein ausgelaugtes Menschenwrack zurück. Zeit seines Arbeitslebens durfte es sich nur im Schatten unbefriedigter Verhältnisse bewegen, um mit der Pensionierung endlich einmal das in Aussicht gestellte Glück zu finden.

Doch wer zeit seines Lebens nicht mit der Fülle seines Herzens lebt, hat niemals wirklich gelebt. Erfülltes Leben ist nicht aufschiebbar. Es stellt sich die Frage: »Gibt es ein Leben vor dem Tod?«

Meist gilt nicht mehr: wir essen, um zu leben, sondern: wir leben, um zu essen, zu trinken, unsere Freizeit zu genießen und im Übermaß zu konsumieren, ohne je den schalen Geschmack im Mund zu übertünchen.

Der Genuß der vollen Sättigung bleibt uns versagt, bis wir die Wahrheit über unser eigentliches Sein erkennen.

Mit den richtigen Selbstgesprächen verschwenden wir keinen Moment im Leben mehr, denn wir können uns sofort dem unglückseligen Einfluß konditionierter Gewohnheiten entziehen.

Die ruinösen Worte:

> »Ich kann einfach nicht aufhören zu essen.«
> »Ich esse zuviel.«

schalten wir im nächsten Moment in ein neues Bild:

> »Ich esse nur das, was mein Körper braucht.«
> »Ich ernähre mich gesund.«
> »Ich bevorzuge ausgewogene Vollwertkost.«
> »Ich liebe meinen schönen und vitalen Körper.«
> »Ich gönne meinem Körper nur die besten
> Nährstoffe
> in der richtigen Menge.«

Ein erfolgsbewußter Selbstmanager wandelt ein unbedachtes:

> »Bei mir geht wieder alles drunter und drüber.«

in den zuversichtlichen Zuspruch um:

> »Ich bin wach und voller Energie.
> Ich übe Kontrolle über mein tägliches Leben aus.
> Ich organisiere meine privaten und geschäftlichen
> Angelegenheiten gründlich und gewinnbringend
> für alle Beteiligten.
> Dafür setze ich mich mit allen meinen Fähigkeiten
> verantwortungsvoll ein.«

Die vorschnelle Ablehnung:

> »Ach, der, die oder das schon wieder!«

zerbricht vor den Worten:

»Ich stelle mich gerne und vorurteilsfrei
jeder Herausforderung.
Ich begegne jedem Menschen mit gutem Willen.
Ich packe meine Probleme ohne Aufschub an
und bearbeite sie sofort.
Ich bin großzügig und liebevoll.
Ich verzeihe mir und anderen die Fehler,
die ich in der Vergangenheit ruhen lasse.«

Solch kräftige Ruderschläge positiven Zuspruchs treiben uns auf dem Strom des Lebens voran. Mit kreativem Erfindungsreichtum ersetzen wir die negativen Prägungen, die uns bislang hilflos zu Knechten unserer eigenen Launen machten, mit neuem Antrieb.

Dennoch gibt es Themen, über die wir nicht fähig sind zu denken und zu sprechen, und es gibt Themen, über die wir ständig sinnen und reden. Die scheinbar wohlangepaßte Ordnung auf der äußeren Maske wird bedroht von verdrängten Ängsten und unbewußten Mechanismen. Früher oder später müssen wir uns einer Auseinandersetzung mit den inneren Vorgängen stellen. Mehr darüber erfährst Du mit der einfachen Frage: »Worüber will ich nicht mit mir reden?« Diese Frage ködert wichtige Erkenntnisse über Dich, die sich normalerweise Deiner Aufmerksamkeit entziehen. Wirkliches Verständnis erlangst Du allerdings nur in der eingehenden Betrachtung der Bezugspunkte, um die Du Dich im Kreise drehst. Die meisten dieser Angelpunkte sind jedoch so zuverläßlich, wie die Achillessehne unverwundbar war.

Kein Haken kann sich an sich selbst aufhängen. Selbstbezogene Standpunkte flechten eine auswegslose Scheinwelt um die eigene Schale. Ein Video-Feedback entschleiert die trügerische Illusion des Selbstbezugs. Hierbei filmt die Kamera den eigenen Bildschirm ab, an den sie angeschlossen ist. Leichte Verschiebungen und Verzerrungen von Raum und Zeit bringen elegante, tunnelartige und spiralige Muster hervor. Die Effekte auf dem Bildschirm sind so reizvoll und verschlungen, daß der fruchtlose Selbstbezug nicht weiter ins Auge fällt. In gleicher Weise wirken viele der Programme in unserem Betriebssystem als sinnwidriger Schwindel. Sie sondern uns von der Einheit allen Lebens ab, weil sie nur das eigene Selbst zum Mittelpunkt hinnehmen.

Die Wunder des Geistes erwachsen in der geflissentlichen Verwirklichung der Wahrheit im täglichen Lebensvollzug. Doch wie sich unser Körper ohne Fastenkur nicht entschlacken kann, müssen wir im Sinne einer geistigen Reinigungskur und Konsumerziehung die lebensfremden, egozentrischen Verhärtungen abspecken, damit wir uns nicht selbst entgehen.

Glückbringende Liebe

Wie alle Wesen möchte der Mensch im Grunde seines Herzens glücklich sein und lieben. Nach Teilhard de Chardin sind Menschen glücklich, wenn sie die Einheit in sich gefunden haben, die Einheit mit anderen Gleichgesinnten, und wenn das eigene Leben einem größeren als dem bisherigen Leben unterworfen wird. Doch der hohe Wert von Glück durch das Streben nach Einheit hat mehr als jedes andere menschliche Verlangen mit Sexualität zu tun. Ohne zärtliches Streicheln gibt es keine Wärme und Vertrauen, schon für das Baby nicht. Fröhliche, vitale Menschen, die sich ihres Daseins freuen und unverklemmt genießen können, sind schlecht zu manipulieren. Sie haben wenig Neigung, andere zu quälen, zu verletzen oder gar zu töten. Liebesfähige und genital befriedigte Menschen fallen vielmehr durch Milde und Güte auf. Die Beeinträchtigung der Liebesfähigkeit durch übernommene Programme aus der frühen Kindheit, der Pubertät oder des späteren Lebens hat schwere Folgen für ein natürliches, erotisches Empfinden. Aus der Abwehr und Verdrängung entstehen, ganz abgesehen von organischen und geistigen Leiden, Lust- und Orgasmusstörungen.

Die überlieferte Liebesfeindlichkeit müssen wir durch neue Selbstgespräche aufarbeiten, um die traditionell tiefverwurzelten Schuldgefühle zu reprogrammieren. Fast alle Werte des Liebeslebens hat die Kirche pervertiert und eine widernatürliche Kluft zwischen Liebe und Lust geschaffen. Aus Liebe wurde Geißelung des Körpers und Selbstverachtung.

Ein Teufelskreis fürwahr, denn gehemmte Sexualenergie und Selbsthaß aus versagter Liebeserfüllung steigern sich in Wut und Destruktivität.

Die fortgesetzte Schuldbesetzung des entkrampfenden Orgasmus behindert das freie Fließen der vitalen Lebensenergie, die Wilhelm Reich biopsychische Energie nannte. Psychische Gesundheit hängt nach Reich von der orgastischen Potenz ab, das heißt von der Fähigkeit und dem Ausmaß, sich am

Höhepunkt der sexuellen Erregung im natürlichen Geschlechtsakt hingeben und erleben zu können. Dazu ist ein Fallenlassen, eine völlige Persönlichkeitsaufgabe an die aufwallende Lust notwendig. Der Orgasmus ist das Freisetzen der aufgestauten sexuellen Erregung durch unwillkürliche, lustvolle Muskelzuckungen am ganzen Körper und wird von wohliger körperlicher und gefühlsmäßiger Entspannung abgelöst. Das Liebeserlebnis ist um so beglückender, je länger wir den Aufbau der sexuellen Erregung in liebevoller Zärtlichkeit genießen, die nicht immer zu einem Orgasmus führen muß.

Sexualität liegt immer noch auf Platz zwei der deutschen Tabuthemen. Der Stand der Meinungsforschung offenbart, wie tief wir die lebensfeindlichen, liebesversagenden und sexualverneinenden Muster der Kirche in unsere Selbstgespräche übernommen haben. Die Liebesfähigkeit verkrustet im Zwangskorsett klerikaler Scheinmoral.

Doch an Jesus selbst hat das kirchliche Moralkorsett keine Stütze. Erbsünde, Frauendiskriminierung und Liebesverzicht vertritt er ebensowenig wie Militarismus, Ausbeuterei und Schwelgen in Macht und Luxus. Nach Karlheinz Deschner in seiner detaillierten Sexualgeschichte des Christentums »hat sich Jesus nie gegen die Libido als solche gewandt, nie das Sexuelle per se als gotteswidrig betrachtet«. Jesus selbst verkehrte mit mehreren Frauen. Als er nach seiner Genesung von der nur wenige Stunden währenden Kreuzigung, die er als kräftiger Mann von 33 Jahren überlebte, im hohen Alter von 117 Jahren in Kashmir starb, hinterließ er ein Kind von seiner Frau mit Namen Mariyan. Noch heute bewachen seine Nachfahren Jesu Grab in Srinagar.

Paulus, der Jesus nie persönlich kennengelernt hatte, schuf die geistigen Grundlagen, auf denen erst die Kirche entstehen konnte. Es war die an ihren eigenen Machenschaften interessierte Kirche, nicht Jesus, die den Begriff des ›sündigen Fleisches‹ schuf. Selbstqual und Kasteiung war jahrhundertelang der Maßstab für christliche Vollkommenheit. Die christliche Verdammung der Frau und der sexuellen Lust wirkte auf alle Lebensbereiche ein. Nach dem Motto »Je größer die Lust, desto größer die Sünde« sei selbst die Zeugung Grund für ein schlechtes Gewissen, denn »ohne Sünde können Eheleute nicht sein«. Wahre Liebe müsse keusch sein.

Darüber hinaus war die Schuldbesetzung der Sexualität und das Onanieverbot, wie Deschner ausführt, zur Unterwerfung des Menschen auch deshalb so wichtig, weil der Verstoß dagegen schon früh jene Schuldgefühle weckt, von deren Vergebung die Kirche teilweise lebt. Das ständige Einpredigen von Schuldgefühlen führt selbst heute noch, da Medizin und Psychologie alle Paarungsstellungen sowie orale Liebkosungen des ganzen Körpers und Masturbation als normal betrachten, zu einer Entstellung erotischen Empfindens. Das Glück menschlicher Liebe sieht die Kirche nicht sehr gern. Sie maßt sich an, in den intimsten Bereich zweier Liebender einzugreifen und mit der Erzeugung von Schuldgefühlen die Kraft und Schönheit der Liebesekstase so weit als möglich zu hemmen. Die irdische Liebe soll eine gekreuzigte Liebe sein, denn die Sexualunterdrückung ist ein wesentliches Werkzeug der Machtausübung und Brechung der menschlichen Selbstbestimmung.

Doch offen bleibt ein Widerspruch: Abtreibung sei Gotteslästerung und Mord – außer bei Nonnen,

denn dort ist sie erlaubt. Selbst angesichts von Über-
bevölkerung und Hungersnot sei bereits Verhütung
vorweggenommener Mord und der bloße Verkauf
von Verhütungsmitteln eine formelle Mitwirkung
an der Sünde des Käufers. Millionen von Geschän-
deten und Toten durch den Verkauf und die Anwendung von Granaten und Kanonen störten und
stören die Kirche jedoch nicht. In ihren Augen sogar
sind, wie Deschner zitiert, »Soldaten und Polizeidie-
ner frei von jeder Sünde«. »Die Anwendung des ato-
maren Krieges ist absolut nicht unsittlich«, meint
noch Papst Pius XII. mit unfehlbarem Sarkasmus.

Doch die Sexualerregung und die körperliche
Liebe sind keine Sünde. Die Liebesfähigkeit ist das
Fundament für biologische, psychische und geistige
Gesundheit und für ein ausgeglichenes soziales Verhalten. Die Steigerung der Liebesfähigkeit gelingt
uns in einer schuld- und angstbesetzten Identitäts-
krise kaum, ebensowenig mit einer offenen oder
versteckten Abneigung gegen unseren Partner. Liebe
und Erotik sind häufig nicht mit Schönheit und
Freude, sondern eher mit Schuld, Angst, Gewalt
und Verbrechen gekoppelt. Wir müssen daher, indi-
viduell und im gesellschaftlichen Sinn, lernen zu
lieben.

Die Kontrolle über Sexualität ist nun in den letzten Jahren der Kirche entglitten und in die routinier-
ten Hände des Kommerz geraten. Unsere heutige sexuelle Selbstauffassung richtet sich nach der Norm
von Männerzeitschriften und Modeheften. Darüber
hinaus ist sie mit dem billigen Kitsch aus Groschen-
heften überzuckert. Die Vorstellung von einem
idealen Mann und einer idealen Frau wird von Leit-
bildern in Werbung und Film geprägt. Marketing-

strategen entdeckten die verkaufsfördernde Macht von Sex. Das ungestillte Bedürfnis nach Liebe wird reduziert auf den Konsumartikel Sex. Der Drang nach sexueller Befriedigung ist aber nur der körperliche Ausdruck des weit über das körperliche Geschehen hinausreichenden Drangs zu lieben. Liebe äußert sich auch über die weiten Ebenen von Gefühl und Gedanken, vor allem in der liebevollen Bereitschaft zu geben, als bedingungslose und unbedingte Liebe allem Leben gegenüber. Die einschränkende Betonung auf sexueller Befriedigung ist nur deshalb weit verbreitet, weil die Fähigkeit zu lieben bei den meisten Menschen verkümmert ist.

Die Liebesfähigkeit überträgt dem sexuellen Erleben aber erst die seelische Bedeutung. Sexualität wird einzig durch Liebe befriedigend, schön und beglückend.

In unseren Selbstgesprächen entscheiden wir, ob die Liebe zu unserem Partner erlischt oder bestehenbleibt. Wir bestimmen in der Art, in der wir ständig zu uns reden, die Qualität des Zusammenseins. In den inneren Dialog übernommene schlechte Witze, mißliebige Kritik und herabsetzende Worte begünstigen das Einschleifen fahrlässiger Gewohnheiten und untergraben das Wertempfinden und die gegenseitige Achtung, in Äußerungen wie:

»Ich habe keine Lust.«
»Alle Männer/Frauen sind schlecht.«
»Alles Sexuelle ist böse und verdorben.«
»Ich empfinde nichts.«
»Er/sie widert mich an.«
»Bin ich froh, wenn ich allein bin.«
»Der/die regt mich heute wieder auf.«

»Das finde ich furchtbar an ihm/ihr.«
»(Schimpfworte).«
»Das gefällt mir nicht an ihm/ihr.«
»Dem/der zeige ich es noch.«

Diese und ähnliche Zusprüche, die immer lauter werden und schließlich in Beschimpfung übergehen, heißen doch nichts anderes als:

»Ich liebe nicht.«

Beißende Worte wie diese zersetzen das innere Band, das Liebende zusammenhält. Denke an Zeiten glücklicher Liebe! Welche Worte richtest Du in den stillen Momenten Deiner Selbstgespräche an den Partner, den Du liebst? In liebevollen Selbstgesprächen bereitest Du den Weg für die gegenseitige Attraktivität und Anziehungskraft. Du nimmst in Bildern und Worten den Verlauf der Partnerschaft vorweg.

Zugleich erhöhst Du Deine eigene Erlebnisfähigkeit und Liebesbereitschaft durch Worte wie:

»Ich öffne mich für Liebe.«
»Ich nehme Liebe tief in meinem Herzen an.«
»Ich bin liebenswert und schöpferisch.«
»Ich bin voller Liebe.«
»In der Sexualität erfahre ich
Wärme, Geborgenheit und Liebe.«
»Ich sage ja zu mir und meinem Partner.«
»Ich freue mich auf meinen Partner.«
»Ich äußere meine wahren Wünsche und
Bedürfnisse.«

»Offen und verständnisvoll
gehe ich auf meinen Partner ein.«
»Es macht mir Freude, Liebe zu schenken.«
»Ich liebe.«

Du bist nicht ›jemand‹, wenn Du versuchst, unter einer aufpolierten Schale toll zu wirken. Du bist ›jemand‹, wenn Du freudig lieben kannst. Dein Leben erfüllt sich mit der Fähigkeit zu lieben. Liebe ist ein lebensbedingendes Prinzip und nicht an einen Geschlechtspartner gebunden. Liebe zeigt sich in einer lebensbejahenden, liebevollen Zuwendung zu allem, was lebt. Liebe ist das nährende Blut der geistigen Evolution. Durch Liebe wird der Mensch erst schön, da sie von innen heraus verjüngt und mit dem Leben eint. Glückstrahlende Schönheit ist nicht die Folge einer Pille, Creme oder einer Operation. Schürfe mit Deinen Selbstgesprächen die Goldkörner in Deinem Herzen. So strahlst Du, statt maskenhaft zu glänzen.

Spuren in der Welt

Die ganze Welt ist eine Bühne, auf der wir unsere Spuren für die kommenden Generationen hinterlassen. Die Zukunft der Erde ist uns anvertraut. Mit unseren Gedanken, Einstellungen, Gefühlen und Worten wirken wir verantwortlich in die Welt hinein, in der wir leben. Wir geben unsere Meinungen und Worte weiter an Mitmenschen, Freunde, Kollegen und unsere Kinder. Sie spüren alle ganz genau, wie Du von ihnen zu Dir sprichst. Du hast die Macht, hinter ihrem Rücken die Atmosphäre mit

Klatsch zu färben oder mit aufbauenden Kompli-
menten zu erhellen. Nie kannst Du Dich dem entzie-
hen, was Du in Deinen Selbstgesprächen vorprägst
und schließlich wörtlich weitergibst. Du hast die
Wahl, die Spiegelwände Deines Horizontes mit Be-
mängelungen, Beleidigungen und herabziehender
Kritik zu beschmieren, bis Du Dich vor lauter
Schmutz selbst nicht mehr ausstehen kannst. Oder
Du hellst Dich und die Umgebung mit liebevoller
Hilfsbereitschaft auf.

Die Grußpostkarte eines Freundes trägt eine ein-
sichtige Kunde in die Welt: »Ich kann nicht Frieden
machen auf der ganzen Welt. Aber ich kann dafür
sorgen, daß in mir selber Frieden ist. Und ihn wei-
tergeben an meine Kinder, an meine Eltern, an die
Menschen, mit denen ich arbeite, an die, welche ich
treffe – zufällig oder nicht zufällig. Das ist meine
Möglichkeit, Frieden auf dieser Welt zu machen.
Nicht mehr und nicht weniger.«

Die Worte und Melodien aller Menschen vereinen
sich zu einem gemeinsamen Gespräch. Informationen, Nachrichten und Musik steuern die Meinungsbildung und Programmierung der Masse Mensch.
Wem es gelingt, eine bestimmte Art zu denken und
zu fühlen in die Selbstgespräche der Menschen hin-
einzutragen, der übt (un)heimliche Kontrolle aus.
Alles, was sich nicht in das Programm herrschender
Ideologie einfügt, wird verdrängt, verspottet und
verlacht. Medien stimmen uns mit fristgemäßer Re-
gelmäßigkeit durch das Gerede von steigender Ar-
beitslosigkeit, Börsenunruhen, weltweiten Wirt-
schaftskrisen und unheilbarer Staatsverschuldung
auf einen Konjunkturpessimismus ein, der kaum
günstige Voraussetzungen für einen Neuauf-

schwung zu schaffen vermag. Auch die Notwendigkeit eines Krieges ist überhaupt erst mit einer volksverhetzenden Kriminalisierung des Gegners erklärbar, damit der Einsatz von Vernichtungsmitteln nicht unmenschlich erscheint, aber dennoch bleibt. Der Wert einer menschenwürdigen Welt bedarf mit Sicherheit keiner Bomben und Atomkraft, um sich Geltung zu verschaffen.

Der Verzicht auf Weiterbildung und kritische Beschäftigung mit den Vorgängen in unserem Innenleben und der Welt im allgemeinen ist der beste Nährboden für Dummheit und Stolz, auf dem jene willfährigen Kleinbürger gedeihen, die besonders empfänglich für Vorurteile sind. In eine Gemeinschaft hineingetragene Vorurteile münden in vorpräparierte Verhaltensweisen, weil sie einen hohen Grad von Übereinstimmung und damit ein falsches Sicherheitsgefühl bewirken. Die Diskriminierung der schwarzen Hautfarbe führte zu vorbedachtem Selbsthaß der Schwarzen, der erst mit dem Gruppen-Selbstgespräch von ›black is beautiful‹ ein Ende fand.

Gruppen, Verbände und Nationen nehmen sich die Zukunft mit der Meinungsbildung vorweg, die sie über die öffentlichen Medien verbreiten. Es verwundert nicht, daß wir in einer Welt von Katastrophen leben, denn meist sind wir von negativen Schlagzeilen umgeben, die keine Lebenskraft und anhebende Inspiration in sich tragen. Doch wer Nachrichten auf dem Bildschirm sieht und hört oder in der Zeitung liest, will auch nur bedingt Neuigkeiten erfahren. Er will vor allem seine festen, vorgefertigten Anschauungen, die er von sich und der Welt hat und erwartet, bestätigt sehen.

Die Geschichte von David und Goliath zeigt anschaulich, wie auch wir mit dem täglichen Brot unserer Selbstgespräche unbezwingbar werden und große Ziele erreichen können. Du brauchst keine Chance im Leben mehr ungenutzt verstreichen zu lassen. »Bedenkt man, wieviel Menschen man gesehen, gekannt und gesteht sich, wie wenig wir ihnen, wie wenig sie uns gewesen, wie wird uns da zumute!« bekennt uns dazu Goethe. Das Leben ist ohne Liebe allem Leben gegenüber sinnlos verschwendet.

Liebe erklärt uns das Warum, das uns das Leben auch im Zugwind ertragen läßt. Begründe jeden neuen Schritt in Deinem Leben mit aufbauenden Komplimenten, die Du Dir selbst, Deinen Mitmenschen und der Welt zusprichst. Du stellst mit Deinen Worten die Weichen. Deine Selbstgespräche öffnen Dir den Weg in ein erfülltes Leben.

Anhang

Literaturverzeichnis

Andersen, K.: *Hypnose u. Suggestion,* Lindau, o.J.

Bardon, Franz: *Der Weg zum wahren Adepten,* Freiburg, 1968

Barres, Egon: *Vorurteile,* Opladen, 1978

Berna, Kurt: *Jesus — Nicht am Kreuz gestorben,* Stuttgart, 1962

Besant, Annie & Leadbeater, C. W.: *Thought-Forms,* Wheaton, 1975

Birkenbihl, Vera: *Kommunikationstraining,* München, 1979

Bratu, Artur (Hrsg.): *Vorurteil, Angst und Aggression,* Wiesbaden, 1975

Camus, Albert: *Der Mythos von Sisyphos,* Düsseldorf, 1962

Chang, Jolan: *Das Tao der Liebe,* Reinbek, 1978

Deschner, Karlheinz: *Das Kreuz mit der Kirche,* München, 1981

Diamond, John: *Die heilende Kraft der Emotionen,* Freiburg, 1987

Ebeling, Peter: *500 Verkäufersünden,* München, 1975

Elhardt, Siegfried: *Tiefenpsychologie,* Stuttgart, 1976

Faber-Kaiser, A.: *Jesus died in Kashmir,* London, 1977

Fromm, Erich: *Haben oder Sein,* München, 1979

Fromm, Erich: *Zen-Buddhismus und Psychoanalyse,* Frankfurt, 1979

Gamm, Hans-J.: *Umgang mit sich selbst,* München, 1977

Garan, D. G.: *Against Ourselves,* New York, 1979

Gawain, Shakti: *Stell Dir vor,* Basel, 1984

Gibran, Kahlil: *Der Prophet,* Freiburg, 1977

Gillies, Jerry: *Transzendenter Sex,* München, 1985

Gordon, Ewans: *Die geheimen Mächte der Hypnose und Suggestion,* Lindau, o. J.

Helmstetter, Shad: *What To Say When You Talk To Yourself,* New York, 1987

Hoerster, Norbert (Hrsg.): *Glaube und Vernunft,* Stuttgart, 1985

Hofstadter, Douglas: *The Mind's I,* New York, 1981

Howard, Vernon: *Psycho-Pictographie,* Düsseldorf, o. J.

Kant, Immanuel: *Über die Form und die Prinzipien der Sinnen- und Verstandeswelt,* Leipzig, o. J.

Karsten, Anita (Hrsg.): *Vorurteil,* Darmstadt, 1978

Kirschner, Josef: *Die Kunst ein Egoist zu sein,* München, 1976

Koch, S.: *Der Stoff, aus dem die Dummheit ist,* München, 1978

Kopmeyer, M. R.: *Wunscherfüllung,* Genf, 1982

Kopp, Sheldon: *Triffst Du Buddha unterwegs,* Frankfurt, 1978

Lauster, Peter: *Die Liebe,* Düsseldorf, 1984

Lay, Rupert: *Dialektik für Manager,* Hamburg, 1982

Lindemann, Hannes: *Anti-Stress-Programm,* München, 1985

Lo Bello, Nino: *Vatikan im Zwielicht,* München, 1985

Lyons, John: *The Invention of the Self,* Carbondale, 1978

Madell, Geoffrey: *The Identity of The Self,* Edinburgh, 1981

Maltz, Maxwell: *So können Sie werden, wie Sie sein möchten,* Genf, 1986

Mitscherlich, Alexander: *Das Ich und die Vielen,* München, 1981

Murphy, Joseph: *The Miracle of Mind Dynamics,* Englewood Cliffs, 1964

Murphy, Joseph: *Die Macht Ihres Unterbewußtseins,* Genf, 1977

Packard, Vance: *Die geheimen Verführer,* Düsseldorf, 1980

Rattner, J.: *Psychologie des Vorurteils,* Zürich, 1971

Reich, Wilhelm: *Die Funktion des Orgasmus,* Frankfurt, 1972

Riemann, Fritz: *Grundformen der Angst,* München, 1987

Ritter, Gerhard: *Psycho-Training,* München, 1986

Sartre, Jean-Paul: *La Transcendance de l'Ego,* Paris, 1978

Schmid, Karl, O.: *Die Goldene Regel,* München, 1987

Stein, Herbert: *Psychoanalytische Selbstpsychologie und die Philosophie des Selbst,* Meisenheim, 1979

Strzelewicz, W.: *Vorurteil als Bildungsbarriere,* Göttingen, 1965

Tansley, David: *Energiekörper,* München, 1985

Teilhard de Chardin, Pierre: *Reflexions sur le Bonheur,* Paris, 1960

Teilhard de Chardin, Pierre: *In Quest of the Perfection of Man,* Cranbury, 1973

Tinbergens, Niko: *Tiere und ihr Verhalten,* Time-Life, 1966

Twitchell, Paul: *Die Flöte Gottes,* Menlo Park, 1982

Twitchell, Paul : *Der Schlüssel zu Geheimen Welten,* Minneapolis, 1983

Vester, Frederic: *Ballungsgebiete in der Krise,* München, 1986

Vester, Frederic: *Denken, Lernen, Vergessen,* München, 1987

Vester, Frederic: *Phänomen Stress,* München, 1986

Wahler, Josef: *Audio-Cerebrale Anregung,* München, 1988

Zukav, Garzy: *Die tanzenden Wu Li Meister,* Hamburg, 1981

Zurcher, Louis: *The Mutable Self,* London, 1977

Register